歌 唱 艺 术

（修订本）

陈 卉 编著

清华大学出版社
北京交通大学出版社
·北京·

内 容 简 介

本书以大学生普遍喜爱的歌唱艺术为切入点，融知识、欣赏、实践、参与于一体；从歌唱的基本知识、乐理基础知识、歌曲的演唱方法和表演形式等方面，为大学生学习唱歌提供一套系统的方法和歌曲范本。让大学生在掌握音乐知识和演唱技巧的基础上，体验和感受到歌唱艺术之美；并能根据自身的特点和不同的需求，用多种表演形式演唱歌曲，亲身体会演唱和表演的乐趣；变被动学习为主动学习，增强自信心和参与意识；以此培养大学生的实践能力和创新能力，从而提高大学生的综合素质。

本书从歌曲的艺术殿堂里，精选了一些有代表性的歌曲。这些歌曲充满了时代的气息，蕴涵着世界各国文化的精髓，渗透着浓郁的风土气息，饱含着人生的哲理，有助于开阔大学生的视野，提高大学生的艺术鉴赏力，启发大学生感悟人生的真谛，让大学生以良好的心态和健康的体魄去面对社会和开创未来。

本书可作为综合性大学的音乐选修课教材、各种艺术培训机构的辅导教材，也可作为音乐爱好者的自学教材。

本书封面贴有清华大学出版社防伪标签，无标签者不得销售。

版权所有，侵权必究。侵权举报电话：010-62782989　13501256678　13801310933

图书在版编目（CIP）数据

歌唱艺术 / 陈卉编著．—北京：清华大学出版社；北京交通大学出版社，2010.8
（2024.1 修订）
ISBN 978-7-5121-0326-9

Ⅰ．①歌…　Ⅱ．①陈…　Ⅲ．①歌唱法-高等学校-教材　Ⅳ．①J616.2

中国版本图书馆 CIP 数据核字（2010）第 172462 号

责任编辑：	郭东青	特邀编辑：宋望溪		
出版发行：	清华大学出版社	邮编：100084	电话：010-62776969	http://www.tup.com.cn
	北京交通大学出版社	邮编：100044	电话：010-51686414	http://press.bjtu.edu.cn
印刷者：	北京鑫海金澳胶印有限公司			
经　销：	全国新华书店			
开　本：	185×260　印张：11　字数：276 千字			
版　次：	2023 年 1 月第 1 次修订　2024 年 1 月第 5 次印刷			
书　号：	ISBN 978-7-5121-0326-9/J·28			
印　数：	7 301～8 300 册　　定价：36.00 元			

本书如有质量问题，请向北京交通大学出版社质监组反映。对您的意见和批评，我们表示欢迎和感谢。
投诉电话：010-51686043，51686008；传真：010-62225406；E-mail：press@bjtu.edu.cn。

前　言

　　本教材以大学生普遍喜爱的歌唱艺术为切入口，融知识、欣赏、实践、参与为一体，从歌唱的基本知识、乐理基础知识、歌曲的演唱方法和表演形式等方面，为大学生学习唱歌提供一套系统的方法，让大学生在掌握音乐知识和演唱技巧的基础上，体验和感受到歌唱艺术之美，并能根据自身的特点和不同的需求，用多种表演形式演唱歌曲，亲身体会演唱和表演的乐趣，变被动学习为主动学习，增强自信心和参与意识，以此培养大学生的实践能力和创新能力，从而提高大学生的综合素质。

　　本教材从歌曲的艺术殿堂里，精选了一些有代表性的歌曲，这些歌充满了时代的气息，蕴涵着世界各国文化的精髓，渗透着浓郁的风土人情，饱含着人生的哲理，有助于开阔大学生的视野，提高大学生的艺术鉴赏力，启发大学生感悟人生的真谛，让大学生以良好的心态和健康的体魄去面对社会和开创未来！

教材特色

　　本教材不同于传统的声乐教材，是一本综合性的学习唱歌的教材。教材具有如下特色：基础性、系统性和实践性。

　　教材由三个部分组成：理论篇、练声篇和歌唱篇。理论篇内容包括：歌唱的基本知识、乐理基础知识、歌曲的演唱方法和表演知识等；练声篇内容包括：歌唱的呼吸训练、歌声的共鸣训练、母（元）音训练、练声曲选等；歌唱篇内容包括：歌曲的多种风格与流派介绍、各类经典歌曲的歌谱、歌曲的演唱指导、经典赏析等。

　　教材的编排，注重基础发声训练，着重培养学生声乐理论与综合实践应用的能力，歌曲内容系统而丰富，所选编的题材、体裁、形式、风格类型各异，能使学生切实掌握一些歌唱技巧训练的基本方法与步骤，还能懂得歌唱发声的基本科学原理以及与歌唱相关的审美、风格、心理调控等知识，为大学生学习唱歌提供一套系统的方法，不断提高学生的声乐艺术素养，对拓宽学生的音乐知识面，促进艺术修养的全面提高起到了积极的作用。

　　本教材在课程体系和内容的编排上，注重培养学生的实践能力，注重社会性、实效性、创造性、愉悦性、灵活性的实践功能。

教材适用范围

　　本教材可作为综合性大学的音乐选修课教材、各种艺术培训机构的辅导教材，也可作为音乐爱好者的自学教材。

　　本教材出版后，渴望得到专家们和同行们的扶持和指正，听到广大读者的宝贵意见，以利于我进一步修订完善。

　　最后，希望本教材能成为大学生的良师益友，音乐爱好者的艺术导游！

编者：陈卉

2023 年 1 月

目 录

理 论 篇

第一章　歌唱的发声 ………………………………………………………… 3
　一、学习声乐应具备的条件 ……………………………………………… 3
　二、歌唱的基本原理 ……………………………………………………… 3
　　　1. 歌唱的基本姿势 …………………………………………………… 3
　　　2. 歌唱的发声器官 …………………………………………………… 3
　　　3. 歌唱的喉头与声带 ………………………………………………… 3
　　　4. 歌唱的呼吸 ………………………………………………………… 4
　三、嗓音保健与卫生知识 ………………………………………………… 4
第二章　歌唱的技能技巧 …………………………………………………… 5
　一、歌唱呼吸训练 ………………………………………………………… 5
　　　1. 慢吸慢呼 …………………………………………………………… 5
　　　2. 慢吸快呼 …………………………………………………………… 6
　　　3. 快吸慢呼 …………………………………………………………… 6
　　　4. 快吸快呼（喘气） ………………………………………………… 6
　　　5. 呼吸保持 …………………………………………………………… 6
　二、歌唱发声训练 ………………………………………………………… 7
第三章　歌唱表演及歌唱心理 ……………………………………………… 8
　一、歌唱的表演 …………………………………………………………… 8
　　　1. 正确把握歌曲的情境和演唱的情绪 ……………………………… 8
　　　2. 合理运用声音的变化对比 ………………………………………… 8
　　　3. 合理运用演唱速度的变化对比 …………………………………… 9
　　　4. 准确把握歌曲演唱的韵味 ………………………………………… 9
　　　5. 树立良好的舞台形象 ……………………………………………… 9
　二、演唱的心理训练 ……………………………………………………… 10
　　　1. 做好演唱前的准备工作 …………………………………………… 10
　　　2. 演唱时要让注意力高度集中 ……………………………………… 11
　　　3. 放松情绪和消除紧张的心理训练 ………………………………… 11
　　　4. 自我暗示训练 ……………………………………………………… 11

第四章 歌曲演唱应具备的音乐基础知识 ································ 13
一、记谱法 ·· 13
二、乐谱 ·· 13
1. 乐谱的概念 ·· 13
2. 简谱 ·· 13
3. 五线谱 ·· 13
4. 简谱与五线谱各自的优劣势 ······································ 14
三、识读简谱 ·· 14
1. 音 ·· 14
2. 音符 ·· 15
3. 节奏 ·· 18
4. 节拍 ·· 18
5. 小节 ·· 20
6. 切分音 ·· 21
7. 连音符 ·· 22
8. 调 ·· 24
9. 各种常用记号 ·· 25
四、常见的声乐体裁 ·· 26
1. 民歌 ·· 26
2. 抒情歌曲 ·· 27
3. 叙事歌曲 ·· 28
4. 诙谐歌曲 ·· 28
5. 咏叹调 ·· 28
6. 宣叙调 ·· 28
7. 康塔塔 ·· 28
8. 清唱剧 ·· 28
9. 歌剧 ·· 29
五、声乐的演唱形式 ·· 29
1. 独唱 ·· 29
2. 齐唱 ·· 29
3. 重唱 ·· 29
4. 合唱 ·· 30
5. 对唱 ·· 30
6. 轮唱 ·· 30
7. 领唱与合唱 ·· 30

  8. 无伴奏合唱 ····· 30

<h1 style="text-align:center">练 声 篇</h1>

第五章 艺术嗓音的训练 ····· 33
 一、歌唱发声练习的目的和要求 ····· 33
 二、歌唱发声练习的步骤 ····· 34
  1. 第一阶段 ····· 34
  2. 第二阶段 ····· 34
  3. 第三阶段 ····· 35
 三、歌唱发声练习的起音 ····· 35
  1. 激起声 ····· 35
  2. 软起声 ····· 35
  3. 舒起声 ····· 36
 四、歌唱发声练习曲 ····· 36
 五、练声注意事项 ····· 38

<h1 style="text-align:center">歌 唱 篇</h1>

第六章 电影金曲 ····· 41
 一、简介 ····· 41
 二、歌曲精选 ····· 42
 （一）中国部分 ····· 42
  1.《花儿为什么这样红》 ····· 42
  2.《敖包相会》 ····· 43
  3.《雁南飞》 ····· 44
  4.《敢问路在何方》 ····· 45
  5.《我爱你中国》 ····· 46
  6.《迎宾曲》 ····· 48
  7.《祖国之爱》 ····· 49
 （二）外国部分 ····· 50
  1.《我心永恒》 ····· 50
  2.《最伟大的爱》 ····· 53
  3.《温柔的爱》 ····· 55

第七章 校园歌曲 ····· 57
 一、简介 ····· 57
 二、歌曲精选 ····· 57

（一）中国部分 ... 57
1. 《童年》 ... 57
2. 《同桌的你》 ... 58
3. 《朋友》 ... 60
4. 《奉献》 ... 60
5. 《踏浪》 ... 62
6. 《我的中国心》 ... 63
7. 《龙的传人》 ... 64
8. 《金梭和银梭》 ... 65
9. 《教师颂》 ... 66
10. 《老师，我总是想着你》 ... 67

（二）外国部分 ... 68
1. 《斯卡博勒市场》 ... 68
2. 《昨日重温》 ... 70

第八章 流行歌曲 ... 72
一、简介 ... 72
二、歌曲精选 ... 72
（一）中国部分 ... 72
1. 《同一首歌》 ... 72
2. 《大中国》 ... 75
3. 《中国娃》 ... 76
4. 《东方之珠》 ... 77
5. 《隐形的翅膀》 ... 78
6. 《祝福》 ... 79

（二）外国部分 ... 80
1. 《北国之春》 ... 80
2. 《我发誓》 ... 81
3. 《大千世界》 ... 82

第九章 民间歌曲 ... 85
一、简介 ... 85
二、歌曲精选 ... 85
（一）中国部分 ... 85
1. 《跑马溜溜的山上》（又名《康定情歌》） ... 85
2. 《我爱我的台湾岛》 ... 86
3. 《送我一枝玫瑰花》 ... 87

  4. 《半屏山》 ········· 88
  5. 《长鼓敲起来》 ········· 88
  6. 《大地飞歌》 ········· 89
  7. 《一杯美酒》 ········· 91
  8. 《在银色的月光下》 ········· 92
 （二）外国部分 ········· 93
  1. 《雪绒花》 ········· 93
  2. 《纺织姑娘》 ········· 94
  3. 《红河谷》合唱版 ········· 95
  4. 《友谊地久天长》合唱版 ········· 97

第十章　艺术歌曲 ········· 100
 一、艺术歌曲概述 ········· 100
 二、歌曲精选 ········· 101
 （一）中国部分 ········· 101
  1. 《花非花》 ········· 101
  2. 《芦花》 ········· 102
  3. 《爱在天地间》 ········· 103
  4. 《多情的土地》 ········· 104
  5. 《飞来的花瓣》 ········· 106
  6. 《节日欢歌》 ········· 108
  7. 《望月》 ········· 110
  8. 《为了谁》 ········· 111
  9. 《我爱梅园梅》 ········· 112
  10. 《我和我的祖国》 ········· 114
  11. 《月之故乡》 ········· 115
  12. 《越来越好》 ········· 116
  13. 《祝福祖国》 ········· 117
  14. 《祖国，慈祥的母亲》 ········· 118
  15. 《吐鲁番的葡萄熟了》 ········· 120
 （二）外国部分 ········· 122
  1. 《悲叹小夜曲》 ········· 122
  2. 《美丽的梦神》合唱版 ········· 123
  3. 《婚礼进行曲》 ········· 126
  4. 《欢乐颂》合唱版 ········· 129

第十一章　歌剧中的歌曲 ········· 133
 一、歌剧概述 ········· 133
 二、歌曲精选 ········· 133

（一）中国部分 ·········· 133
1. 《黑龙江岸边的玫瑰花》 ·········· 133
2. 《红梅赞》 ·········· 135
3. 《珊瑚颂》 ·········· 136

（二）外国部分 ·········· 137
1. 《你们可知道》 ·········· 137
2. 《多来咪》 ·········· 139
3. 《孤独的牧羊人》 ·········· 140
4. 《回忆》 ·········· 142
5. 《夜的音乐》 ·········· 144

第十二章 儿童歌曲 ·········· 147
一、简介 ·········· 147
二、歌曲精选 ·········· 147
（一）中国部分 ·········· 147
1. 《让我们荡起双桨》 ·········· 147
2. 《读书郎》 ·········· 149
3. 《歌声与微笑》 ·········· 149

（二）外国部分 ·········· 150
1. 《小星星》 ·········· 150
2. 《麦克唐纳老爹有个农场》 ·········· 151
3. 《幸福拍手歌》 ·········· 152
4. 《摇篮曲》 ·········· 153

第十三章 体育歌曲 ·········· 154
一、简介 ·········· 154
二、歌曲精选 ·········· 154
（一）中国部分 ·········· 154
1. 《北京欢迎你》 ·········· 154
2. 《日出东方》 ·········· 157
3. 《重逢》 ·········· 159

（二）外国部分 ·········· 160
1. 《手拉手》 ·········· 160
2. 《力争第一》 ·········· 162
3. 《生命之杯》 ·········· 164

参考文献 ·········· 166

理 论 篇

- 歌唱的发声
- 歌唱的技能技巧
- 歌唱表演及歌唱心理
- 歌曲演唱应具备的音乐基础知识

第一章　歌唱的发声

一、学习声乐应具备的条件

学习声乐除了应具备一定的嗓音条件外，还应具备以下较全面的音乐文化素质。

（1）音乐方面的一些基本知识和常识：乐理知识和音乐常识。

（2）与声乐有关的一些音乐方面的基本技能、技巧：视唱练耳的能力和基本的键盘乐器的演奏技能等。

（3）文化修养和心理素质：声乐艺术是一门综合性的艺术，它不但涉及音乐语言，还与文学语言（歌词）、身体语言（形体表演）和人的心理素质密切相关。要把声乐学好，使歌唱发声正确、优美、动听，就必须使这一过程在唱歌发声时处于一种协调、平衡、自然、灵活的运动状态，而这种状态的建立，又取决于人的大脑和中枢神经系统对这些发声器官的控制、协调。所以，唱歌发声的过程还与人的心理因素有很大关系。因此，广大声乐爱好者加强自己的文化修养，培养良好的歌唱心理素质，采取积极、正确的心理状态来进行声乐的学习、演唱和考试，是能否把歌唱好、能否把声乐学好的重要因素。

二、歌唱的基本原理

1. 歌唱的基本姿势

头部端正、眼睛比平时略微高一点、下巴微收、面部自然、胸部自然抬起、两肩微微向后舒展，两手自然下垂、腰挺直、腹微收；两脚分开（也可一前一后站立），身体重心放在两脚之间。

2. 歌唱的发声器官

歌唱的发声器官由呼吸器官、发声器官、共鸣器官和咬字吐字器官组成。

（1）呼吸器官：包括鼻、口、咽、喉、气管、支气管和肺横膈膜等。

（2）发声器官：主要由喉头和声带两部分组成。喉头和声带是发声的音源。

（3）共鸣器官：分为头腔、口腔和胸腔三个部分。这些共鸣腔体能使声带发出的声音变得圆润悦耳、丰满动听并具穿透力。

（4）咬字吐字器官：主要是指唇、齿、舌、喉，它们是变声音为语言的器官。

3. 歌唱的喉头与声带

声带是发声的音源，歌唱时声带要随着歌曲的高低、强弱不同作相应的变化。当声带缩短、变薄、张力加大时，振动的频率就快，发出的声音就高。反之，当声带拉长、变厚、张力减少时，振动的频率就慢，发出的声音就低。

4. 歌唱的呼吸

（1）胸式呼吸法：主要依靠胸腔控制气息。

（2）腹式呼吸法：主要依靠下降横膈膜，用腹部肌肉控制气息。

（3）胸腹式联合呼吸法：这是近代中外声乐界公认而普遍采用的、科学的、合乎生理机制规律的呼吸方法。它是一种运用胸腔、横膈膜和腹部肌肉共同控制气息的呼吸法。

三、嗓音保健与卫生知识

疾病、饮食习惯、心理、生理健康状况会影响嗓音。嗓音的保护，必须注意以下几点：

（1）呼吸、发音与运用共鸣的方法要正确；

（2）歌唱的时间要有节制；

（3）注意劳逸结合，合理安排睡眠；

（4）注意饮食，少吃辛辣食物；

（5）注意戒烟、戒酒；

（6）注意不要在喉部患病时演唱，女性经期要用科学的方法进行演唱、发声；

（7）用循序渐进的原则进行声乐的学习。

第二章　歌唱的技能技巧

任何技能的获取都离不开长期科学的训练，凡是技能的掌握都有一个从陌生到熟悉、从熟悉到熟练的过程，最后才形成一种习惯，进而在实践中下意识地把这些技能发挥出来，使之转化成能力，而无须再分神注意它。

歌唱技能训练的过程，开始时总难免唱不准音、稳不住节奏，但是，如果经过一段时间严格、科学的训练，情况就会大为改观，唱起来就能潇洒自如，声情并茂。当掌握了一定的歌唱技能时，仍然要坚持不间断地练习以提高和巩固，否则学到手的歌唱技能也将因停止练习而生疏，发挥失常。所谓"曲不离口"便是这个道理。下面介绍歌唱技能的训练方法。

一、歌唱呼吸训练

有人认为呼吸要像闻花一样，不仅可以吸得深，而且符合生理卫生，对保护呼吸器官有一定好处。从医学角度来说这种说法是完全正确的，我们平时呼吸全是闻花式鼻子吸气。但是，从歌唱的角度看，闻花式鼻子吸气是不够的。道理很简单：歌唱的呼吸要结合歌唱的需要，在吸气时要打开歌唱的通道——喉咙，做好发声准备，单用鼻子吸气是做不到的，此其一。再者歌唱呼吸要根据乐句的长短，音域的宽窄，音的高低、强弱来决定呼吸的速度和力度，有时需要快而深的呼吸，有时需要缓而柔的呼吸，要担负起如此复杂的呼吸运动，单凭鼻子的呼吸显然是不够的。而且是歌唱就免不了要上台表演，用鼻子呼吸也不太雅观。当今较为统一的观点是口鼻同时呼吸，这种方法更有利于歌唱的发挥。歌唱的呼吸要为歌唱服务，所以呼吸要符合歌唱的要求。

歌唱的呼吸是单独训练，还是结合声音一起训练，说法也不一致，本书认为二者可以兼顾。就初学者来说，对呼吸方法一无所知，发不出由呼吸控制的声音，就应该进行单独的呼吸训练，因为单独寻找一种感觉比较简便、容易掌握、不至于顾此失彼。通过单独的呼吸练习能使你尽快地明确什么是歌唱所需要的呼吸方法。有了一定呼吸控制能力然后再与发声练习同时进行，就不会感到枯燥无味了。下面提供几种呼吸训练方法供读者参考。

1. 慢吸慢呼

初练时建议平躺于床上，全身放松，双手放在上腹部（膈肌处），略加压力，用鼻慢慢深吸气，感觉腹部扩张上升，停止吸气两秒，这时腹部仍是扩张的，再将气慢慢呼出。腹部随着气息的呼出而收缩，每日起床前与睡觉前各练 5～10 分钟。起床前练有利于清醒头脑，减轻一醒就起床血液对大脑的冲击；睡觉前练有利于清除一天存于大脑中的杂念，静脑练气，排除杂念则能尽快入睡。当这种一吸一呼的动作协调时，可以在腹部放置沙袋增加压力，这样更容易体会到深呼吸时腹部的上下运动。同时还应逐渐增加沙袋的重量，以锻炼膈肌（横膈膜）的扩张能力。

2. 慢吸快呼

通过平躺练习慢吸慢呼，对呼吸的运动方向有了一定的感觉，可以站立练习慢吸快呼（因为歌唱时是站立情况比较多）。方法是：嘴微微张开，用口鼻同时吸气，双手叉腰并施加压力，或用松紧带束腰增加外部压力，把气慢慢吸入，喉部、胸部自然放松，膈肌下降，两肋扩张，实际是两肋包括背部都在扩张，像吹气球一样全方位扩张。但由于两肋软组织及腹部都是柔软的，故而扩张较明显，保持扩张状态，停止吸气 2～5 秒，再一次将气全部呼出（像叹气一样），腹部、两肋随着气的呼出而放松，再吸气，再呼气……

3. 快吸慢呼

站姿，倒吸一口冷气，或类似于见某人、某物感到惊讶状态时的快速吸气。吸气时间大概只有 0.2 秒左右，气要吸得与前两种方法讲的一样深而饱满，保持吸气状态数秒，再将气慢慢呼出，膈肌随着气息的呼出而放松回原位。如此反复练习。

4. 快吸快呼（喘气）

保持前面的呼吸状态，将呼吸速度逐渐加快，由 1 秒呼吸 1 次到 1 秒多次，吸气时膈肌下降，两肋扩张，呼气时膈肌与两肋放松。原位，逐渐加快一吸一呼的频率，要在快速的一呼一吸中仍能感觉到膈肌的一升一降，两肋的一张一弛（像狗喘气一样）。这种练习可以训练膈肌的灵活性，熟练后可以应付歌唱所需要的各种呼吸要求。

5. 呼吸保持

呼吸保持是歌唱的控制线，它像放风筝的线一样：向下拉线，风筝受到风的阻力而上升；不紧不松，风筝则保持在同一高度飞行；完全放松，风筝因失去下行阻力而摇晃坠落。因此呼吸保持练习是呼吸练习的最终目的，也是歌唱所需要的用以控制音色、音准、节奏、声音高低强弱的动力。呼吸保持练习在呼吸练习中占有十分重要的位置。

呼吸保持练习是在前面的练习熟练以后，用前面的方法吸气，将吸气状态保持住，再将气慢慢地呼出，膈肌和两肋保持不动（基本不动），用小腹呼气肌肉群向内压缩，将气呼出。众所周知，气压是由压力罐与出气口大小来决定的，高压锅因密封性能好，出气口小，因而能产生大的气压，而同样大的铝锅因密封性能差，四处漏气，因而无法产生高压。同样，在呼吸时将气门缩小（使之产生阻力），让气从上门牙中间缝隙慢慢吹出，发出"呲——"的长音，气的力量保持均匀，小腹产生压力，尽量使吹气的时间长些。初练时一口气吹 25～35 秒，控制好后可持续长达 60 秒以上。举一个更浅显的例子来说，呼吸产生气压的原理也与注射器一样，上腹部和胸腔是注射器的筒子，下腹（小腹）是注射器的活塞（产生压力），牙缝（声带）是针头，歌唱呼吸就像注射药液一样要均匀，不能时快时慢。歌唱气压的大小全靠小腹呼、吸气肌肉的推送，以及声带的挡气。

此外，还应根据歌唱的需要来控制呼气的均匀。这里介绍一种检验呼气是否均匀的方法：将一小布条用手提住一端放置嘴前，深吸气后保持腹肌的吸气状态将气吹出，使小布条向前飘起，保持在同一水平线上飘动（像检验空调进风一样），如果布条时上时下说明你呼出的气不匀。吹气时尽量保持时间长一点，在吹气时去感受膈肌的保持力量，以此来训练膈肌的保持耐力和小腹的压缩能力。

通过上述几种呼吸方法的练习到改善，控制吸气的吸气肌肉群和呼气肌肉群一开始的无力便会得到改善，变得坚韧有力。

二、歌唱发声训练

歌唱的发声训练是提高、完善歌唱技巧不可缺少的一个重要环节。因为每个人的发声器官是与生俱来的，然而这些器官并不是一生下来就具有完美的、为歌唱服务的功能。要充分发挥出人体发声器官这个世间最精美乐器的独特优势，就必须通过各种基本发声训练来加强培养，强化其歌唱方面的机能，使这些器官在力量和灵活方面得到改善，协调性得到提高。

发声训练既是一种生理机能的训练，又与人的心理适应性训练息息相关。在训练过程中遵循以下的原则，是取得事半功倍的必要保证。

（1）练声要有正确的口形和大方得体的身体姿态。正确的口形是发声的保证，而身体姿态则是为登台演出、顺利发声作准备的，即所谓"形象工程"的基础。

（2）要注意合理安排训练时间，紧密配合指导老师进行训练。时间是完成一切事业的先决条件，练声同样需要时间。合理地安排自己的训练时间可以形成良好的习惯，取得较好的成就，而老师的指导则可避免走弯路，尽快走向成功。

（3）要制订好训练计划，循序渐进，不可急于求成。无计划，急于求成必然导致盲目，促使不良习惯形成，为以后的歌唱带来诸多不便，甚至因求成不得而对自己丧失信心，半途而废。

（4）训练要持之以恒，适可而止。持之以恒指的是发声训练是一件长期性、持久性的事情，一朝一夕，一曝十寒，终究难成气候。适可而止，是指每一次练声训练都不能过度，以免对发声器官造成不必要的损伤。

（5）开动脑筋，讲究方法，不断总结，不断提高。练声不是机械的东西，只有在训练中认真思索，遵循其应有的规律，在摸索中逐步总结，才能尽快地领悟其要领，掌握关键。

第三章　歌唱表演及歌唱心理

歌唱艺术是一种表演艺术。作曲家创作的歌曲是静止在纸上的，只有通过演唱者的完美表演才能让观众得到美的享受。这里，演唱者不但要正确表达作者的意图，还要对作品进行再创作。没有演唱者的再创作，歌曲是没有生命力的。

歌唱表演是一项复杂的心理活动，它体现歌唱者的全面技能，如歌唱者的音乐感觉、音乐动作、表情动作、音乐记忆、音乐想象、音乐智慧，等等。因此，一名好的歌唱演员除了要有精湛的歌唱技巧以外，还要有全面的音乐素质和文化修养。

一、歌唱的表演

歌唱者用动听的歌喉，将歌曲优美的旋律、精练的语言传达给听众，这种直接抒发音乐中特定感情的艺术形式，深受广大群众的喜爱。在长期的音乐活动中，人们对歌唱有了一个固定的审美标准——"声情并茂"。所有的歌唱者都把用歌声表达感情、创造鲜明的音乐形象作为自己追求的目标。要做到好的歌唱表演，就要遵循歌唱艺术的规律。

1. 正确把握歌曲的情境和演唱的情绪

在演唱歌曲前，首先要在脑海中产生音乐所规定的内部视觉意象，并把这种意象加以具体化，让自己在心里清晰地看到这个想象的情境。

一般来说，每一首歌曲都有情境描写，歌唱者都是由境入画，以画寓情的。正确理解词意和音乐，是获得正确艺术形象的关键。可以这样认为：歌曲就像电影剧本；歌唱者既是导演，又是演员，不是摄影师；歌曲的表演就是制作后的影片。这里最重要的是，歌唱者表演不但要演人物，还要演景，如果要把作者所描写的景加以形象地表达，就离不开对情绪的把握。理解歌曲的内容，正确把握歌曲的情绪是正确进行歌唱表演的基础。

2. 合理运用声音的变化对比

在歌唱时，变化声音的艺术处理是歌唱者常用的一种手法。这种变化，一般表现为声音的高低、强弱和色彩的变化。

在演唱时，强的声音通常用来表达强烈、火热的思想感情；中强的声音多用于情绪明朗、抒情的情感歌曲；中弱和弱的声音常常用来表达歌曲中的宁静、深藏心底的内在情感等。当然，单一的音量并不能适应感情的变化。因此，需要运用音量的渐强和渐弱来达到表现感情变化的需要，使听众的情绪产生波动。有时声音的渐强渐弱还可以表现由远到近或由近到远的距离变化。

歌唱中声音的强弱是相对的。对于声音来说，没有弱就没有强，如果歌曲从头至尾都是强音，就会显得嘈杂。因此，唱强音时不要因强音而使声音变得沉重，不要使声音发闷，而是要让声音与气息的流畅结合起来。歌唱中的声音音量对比，不能为了变化而变化，要根据歌曲的内容，音乐的旋律起伏，情节、情绪的发展变化及逻辑连贯性，合理安排声音的强弱变化，恰到好处地表现音乐。

声音色彩的变化对比也是演唱的重要手段之一。歌唱声音的色彩是情绪和情感的表现，不同的声音色彩表现不同的情绪。人在说话时运用不同的声音色彩来表达不同的思想感情，而歌曲的创作又是结合说话时的腔调和语气，以及其他的一些语言特点来写的。因此，歌唱的声音音色必须建立在说话时声音色彩的基础上。演唱者要唱出歌曲的喜悦和忧愁、同情与讽刺、英勇与胆怯、平静与冲动，等等，就要把歌曲中的思想和情感注入声音中，运用一种不会让人误解的声音色彩表现出来。

不同情绪的歌曲由各自不同的音色来表现。如忧伤的歌曲运用悲伤、缠绵的音色，欢快的歌曲运用悠扬、甜美的音色，气势宏大的歌曲运用雄伟而辉煌的音色。

不同体裁的歌曲也要用不同的音色来演唱。"夜曲"要用缥缈、悠扬的音色来演唱；"摇篮曲"要用温柔、宁静的音色来演唱……

不同的人物形象也要用不同的音色来表现。如用深沉、稳重的音色来表现老人的形象；用活泼热情的音色来表现小姑娘的形象；用诙谐、幽默的音色来表现"滑稽"的形象……

总之，歌唱者应学会巧妙地运用声音色彩的变化表现不同的音乐形象。只有全心全意地投入角色当中，刻苦钻研，把音乐形象与生活感受紧密结合，运用恰当的声音色彩进行演唱，才会成为一名好的歌唱者。

3. 合理运用演唱速度的变化对比

歌曲演唱时的速度变化，在歌唱表演中有着重要的作用。歌曲作者虽然对其作品注有速度标记，但演唱歌曲时，歌唱者还要在尊重作者的速度标记的前提下，根据歌曲所表达的情境和情绪对歌曲的演唱速度进行合理调配，以便更准确地表现音乐。音乐中的速度标记只能规定歌曲的大致速度，对于渐快或渐慢，对于音乐结束部分的速度控制或是一些描写特殊情节时的速度变化，都应根据具体的音乐作品进行具体的处理。

当然，速度的变化不能呆板、僵化，要符合情绪和情感的需要自然地变化，艺术处理更要自然，不留痕迹。

4. 准确把握歌曲演唱的韵味

声乐的旋律大多是按语言的语调来写的，语调表现在声音上就是韵味。各民族的语言都有各自不同的韵味，因此，歌唱者要特别注重追求歌曲演唱的韵味。歌曲韵味的艺术处理主要是运用波音、滑音、装饰音、顿音、变化音等来表现的。歌唱者要重视歌曲韵味的处理，认真研究认真揣摩，使歌曲的演唱成为有血有肉、韵味十足的表演艺术。

5. 树立良好的舞台形象

良好的舞台形象能给观众留下深刻的印象，能更完善地表现音乐。如何获得良好的舞台形象呢？

首先，要树立鲜明的表演个性和良好的演唱气质。表演中演唱的个性和气质是极为重要的，演唱中突出的个性和气质会使歌唱表演更具有生命力。演唱者的个性是建立在心灵上的表演艺术。由生理振动发出的声音是平淡的，毫无表现力。但是内心世界的参与，将思想情感、想象、精神等融合到歌声中，就会使声音获得生命力，具有灵魂。这样的声音既能表达作品的个性，又能表现出歌唱者的个性。要培养和发展表演个性，首先要确认作品的情节和情绪，以及作品的思想；其次要确定用来表现歌曲情境的各种声音色彩；再次，要明确歌曲的风格和演唱的韵味；还要注意表情与内心情感的变化对比。

表演的气质是指表演者的情绪、速度、强度及外部表现，还有演唱灵活性等特点的总和，体现了表演者的典型的、稳定的心理特点。要塑造良好的演唱气质，必须要根据歌曲要求，使情绪快速酝酿，让情感心理活动不仅快速产生，还要有明显而细腻的面部和形体上的表现。在表演时让演唱者的气质与作者的精神气质相融合并以作者的气质为主，辅以歌唱者的气质，从而形成演唱者独特的表演风格。

另外，在表演时要加入适当的表演动作。歌唱表演不单要有好的听觉效果。歌唱的表演动作要按歌曲的内容要求预先设计好，反复加以练习。

一般地说，声乐表演动作可分为面部表情动作、体态动作和手势动作。面部表情主要决定于眼神的运用，再配合面部其他器官的动作加以表现。体态动作主要有：身体前倾表示接近、注意、祈求、询问、获得；身体后倾表示惊慌、逃避、拒绝；昂首挺胸表示骄傲、自然。手势动作运用较多，或用力握紧拳头表示情绪的强度，或张开手掌表示事物的方向，或调节人体平衡来增加美感等。

歌唱的表演动作要简练、大方、准确，具有实际意义，好的动作往往会获得强烈的艺术效果。表演动作离不开心理感觉，只要认真体验和揣摩，就会使表演时的动作变得潇洒自如。

二、演唱的心理训练

在平时的演唱活动中，很多歌唱者都会因过度紧张而失去控制，出现心里发慌、声嘶力竭或节奏不准、走音跑调等现象。造成这些毛病的原因一方面是声乐技巧不过硬，准备不充分；另一方面就是歌唱者的心理素质较差。这两方面的因素是相互联系的，充分的准备和熟练的技巧会带来稳定的心理状态，而好的心理素质又有利于声乐技巧的发挥。要有良好的演唱的心理素质，就要对歌唱者进行演唱的心理训练。

1. 做好演唱前的准备工作

对要演唱的歌曲，要有足够的练习时间，熟悉乐谱，唱准节奏、速度、力度、音高，将歌词背得滚瓜烂熟，达到能脱口而出的地步。同时，还要多合伴奏，在不断的练习中解决好歌曲的难点部分。选择恰当的演唱曲目非常重要，不要演唱超出自己能力范围的歌曲作品，做到合理地选择演唱曲目。演唱前，可以进行公开练习，听取意见，锻炼自己，充分积累演唱的经验，吸取演唱的教训。当然，要有好的舞台表现，平时还得苦练基本功，只有熟练掌握了声乐技巧，再加上精心的准备，才能信心百倍，正所谓"艺高人胆大"。

2. 演唱时要让注意力高度集中

集中注意力，专心致志地演唱是演唱获得成功的保证。因此，演唱时的注意力首先是集中在歌曲的内容上，集中在歌词和情感表现上。由于注意是心理活动的一种特性，有着一种意识倾向特征，它贯穿活动的始终，因此，歌唱时要进行有意识倾向的演唱，注意选择与歌曲相一致的表演情绪贯穿歌曲演唱的始终，及时调节心理状态，保证在正确的心理状态下有准备地进行演唱活动，及时纠正、调节演唱中出现的错误。

所以，在歌曲演唱时，注意力一定要高度集中，要置身于歌曲的情境中，始终贯穿于歌曲中。这样，就会排除杂念，消除紧张心理。

3. 放松情绪和消除紧张的心理训练

"放松"和"消除紧张"是歌唱心理训练中极为重要的一个环节。

临场放松对于演员来说是十分重要的。可以找一个自己感到轻松的场合，想一遍要演唱歌曲的歌词、表情等，然后进行下面的练习。

（1）集中注意力做深呼吸练习。

（2）自我暗示全身放松，调节未放松的部位。

（3）将要演唱的歌曲按在舞台上表演的要求演练一遍，声音要控制，主要是练习表演动作和熟悉歌词。

（4）保护嗓子，不要与人聊天。

演唱的紧张状态有多种形式，如感觉喉咙发干，总有清理不完的分泌物；或常有与演唱无关的杂念来分散注意力等。要克服紧张心理，就必须进行心理训练。

首先，要学会防止紧张情绪的发生。从容地开口，打开喉咙，说话一样地把歌曲的第一个字唱出来。这就使歌曲的演唱有了第一个放松。尤其是唱高音时，更要放松喉器，用深呼吸来稳定气息，把声音从容地放在高位置上，然后"说出"高音来。

其次，一旦发现有紧张的状态出现，要立刻采取放松措施，控制紧张的加剧。可以运用深呼吸来调整、缓和紧张的身体状态。候场时如果情绪紧张，就要注意少与他人交谈，集中注意力，或用检查自己的仪表、欣赏自己的表情等一些细小的动作来消除紧张情绪。

再次，用积极的情绪控制紧张，以积极思维替代消极思想。充分看到自己的长处，增加自己的信心，必要时采用强迫手段，命令自己坚强勇敢，大口呼气，想象自己获得了巨大的成功，以提高自己的兴奋度，使自己充满信心，从而消除紧张的心理。

4. 自我暗示训练

自我暗示与放松练习相结合，就能收到良好的演出效果。具体练习方法如下。

（1）姿势。通常选用卧、坐、立三种姿势。以自然、放松为原则。

（2）预备。根据条件采用任意一种姿势，想象自己处在极为宁静、优美的环境中，深吸一口气，然后缓慢呼出，练习约三分钟。

（3）整理。在这个环节里，先要活动一下身体肌肉，然后一边在心里呼喊"一定能成功"等鼓舞情绪的口号，一边做小的跳跃运动，以提高自己的兴奋度，获得一种积极的歌唱状态。

至此，已对歌唱的各项技能、技巧作了较全面、系统的介绍，给歌唱爱好者的学习和训练提供了一定的参考和指导。通过努力歌唱，爱好者能取得一定成效。但要成为一个真正的歌手，仅有技能训练还远远不够，还必须把系统的音乐理论、文学修养结合起来，在实践中不断提高自己。

第四章 歌曲演唱应具备的音乐基础知识

一、记谱法

记谱法是指将音乐中音的高低、强弱、节奏、表情和演奏演唱法记写下来的方法。和语言一样，不同民族都有过自己创立并传承下来的记录音乐的记谱法。各民族的记谱方式各有千秋，但记谱的道理都是一致的，那就是利用不同的形式和符号来表示音的高低、长短、强弱。

目前被广泛使用的记谱法是五线谱和简谱。

二、乐谱

1. 乐谱的概念

可阅读的记载音乐的纸张或其他实体称为乐谱。乐谱可以记写出由一个声部组成的音乐，即单声部音乐；也可以记写出由很多声部组成的音乐，即多声部音乐。无伴奏的独唱曲与独奏曲属于单声部音乐，是用一行谱表记写的。合奏曲与合唱曲属于多声部音乐，它们所使用的乐谱称为总谱。总谱分为大总谱和小总谱两种，管弦乐曲、歌剧等用多行谱表记写音乐（高音谱表、中音谱表、次中音谱表、低音谱表同时使用），称为"大总谱"；钢琴、合唱等用两行谱表记写音乐（高音谱表与低音谱表同时使用），称为"小总谱"。

2. 简谱

简谱是一种比较简单易学的音乐记谱法。简谱有两种记谱方法：一种是用数字记写，另一种是用字母记写。现今广泛使用的简谱也称为"数字谱"，是用阿拉伯数字 1、2、3、4、5、6、7 代表唱名 do、re、mi、fa、sol、la、si 来表示音高。这种记谱法出现于 16 世纪的欧洲，18 世纪时先后经法国哲学家和思想家卢梭（1712—1778 年）、法国数字音符视唱体系创始人加兰（1786—1821 年）、法国教育家帕里斯（1798—1866 年）和法国物理学家谢威（1804—1864 年）等人的改进、完善和大力推行，被广泛使用。19 世纪末，简谱从日本传入中国。

3. 五线谱

五线谱简称"线谱"，是用五条固定的平行横线来记写音乐的一种记谱法。这种记谱法起源于欧洲。公元 10 世纪时，出现了第一条固定的横线，用这条横线来代表 F 音的音高，并在这条线的上下用纽姆符号来表示其他音的音高。稍后又出现了第二条代表 C 音音高的固定横线。11 世纪初，意大利的音乐理论家、僧人圭多·达雷佐（约 991—1033）又把线加至三条、四条，同时明确了音高间的固定关系。这种有线记谱法虽然能够记录准确的音高，但不能准确表示音的长短。13 世纪时，出现了能明确指示音长短的有量记谱法，随之五条线、六条线、七条线的记谱法也在不同的作品中出现。以后，五条线的乐谱渐渐被更多地使用。17 世纪初，五线谱趋于完善；18 世纪定型。19 世纪中叶，随着传教士的活动，五线谱在我国被推广。

4. 简谱与五线谱各自的优劣势

简谱和五线谱是现今世界上通用的两种记谱法，但五线谱的使用要比简谱更为广泛。五线谱最大的优势是在记写多声部音乐方面，简谱则相形逊色。比如，在多声部音乐中，简谱的上下加点易使乐谱含混不清，给演奏演唱带来不便；五线谱则只需上下加线或更换谱号，便可达到清晰和一目了然的效果。另外，五线谱在视觉上更能使音的高低清晰地呈现出来。

简谱的优势主要在于记出的乐谱中很少有变化音，易于演唱，便于记忆。尤其在单声部的歌曲中这种特性更为突出。

另外，用五线谱记写音乐在转调上也非常方便，只需在原有音上加用变音记号即可转到新调上。这一特点更有利于器乐的演奏，简谱则略显迟拙。

三、识读简谱

为了方便更多读者在学习英文歌曲时能顺利读谱，本书中的所有歌曲都选用了简谱，因此，以下只介绍简谱的识读方法。

1. 音

（1）乐音与噪音

音乐中的音源于自然界，自然界的声音有悦耳的和不悦耳的两种。听起来悦耳的声音由于其振动规则，因此具有固定的音高，被称为"乐音"；听起来刺耳的声音由于其振动不规则，因此没有固定的音高，被称为"噪音"。

音乐中使用乐音也使用噪音，更多使用的是乐音，噪音较少使用。在古典音乐中，噪音几乎仅在拔、锣、鼓等打击乐器的演奏中出现；在现代音乐中，噪音出现较为频繁。

（2）乐音体系

乐音体系，是指音乐中所使用的乐音的总合。现代钢琴有 88 个琴键，它们奏出了 88 个音高不同的音，这些音都是乐音，基本包括了音乐中使用的所有乐音，除此之外的音在音乐中几乎不用。

（3）音乐构成的基本要素

一般来说，所有音乐的构成有四个基本要素，而其中最重要的是"音的高低"和"音的长短"。

- 音的高低：任何一首曲子都是由高低相间的音组成的，从钢琴上直观看就是越往左面的键音越低，越往右面的键音越高。
- 音的长短：除了音的高低外，还有一个重要的因素就是音的长短。音的高低和长短的标注决定了该首曲子有别于其他的曲子，因此它成为构成音乐的最重要的基础元素。

- 音的力度：音乐的力度很容易理解，也叫强度。一首音乐作品总会有一些音符的力度比较强一些，有些音符弱一些。而力度的变化是音乐作品中表达情感的因素之一。
- 音质：也可以称音色。也就是发出音乐的乐器或人声。同样的旋律音高，男生和女声唱就会有不一样的音色；小提琴和钢琴的音色也不一样。

上述四项构成了任意一首乐曲的基础元素。应该说简谱基本可以将这些基础性元素正确标注出来。

（4）音级、音名与唱名
- 音级：音乐中有 12 个主要的音，其他各音是这 12 个音在不同高度上的重复。音乐中所使用的音叫做"音级"。一个音就是一个音级。每个音级都有音名和唱名两种名称，音名用英文字母表示，唱名用拉丁文的音节（与汉语拼音近似）表示。

用 C、D、E、F、G、A、B（或小写）7 个英文字母命名的音级，叫做"基本音级"，其他各个音级的名称都是以这 7 个基本音级为依据加上不同的变音记号来记写。
- 音名与唱名：音名具有固定不变的性质。唱名是用来唱出每个音高低的。7 个基本音级和 12 个主要音级分别如表 4-1 与表 4-2 所示。

表 4-1　7 个基本音级

音名	C	D	E	F	G	A	B
固定唱名	do	re	mi	fa	sol	la	si

表 4-2　12 个主要音级

音名	C	#C	D	#D	E	F	#F	G	#G	A	#A	B
固定唱名	do	#do	re	#re	mi	fa	#fa	sol	#sol	la	#la	si

2. 音符

在简谱中，记录音的高低和长短的符号，叫做"音符"。用 7 个阿拉伯数字作为标记，来表示这些音的高低的符号，它们的写法是：

1　2　3　4　5　6　7

唱法为：do　re　mi　fa　sol　la　si

（1）变化音

将标准的音符升高或降低得来的音，就是"变化音"。将音符升高半音，叫升音。用"#"（升号）表示，一般写在音符的左上部分，如下所示：

#1　#2　#3　#4　#5　#6　#7

标准的音降低半音，用"b"（降号）表示，同样写在音符的左上部分：

b1　b2　b3　b4　b5　b6　b7

基本音升高一个全音叫做重升音，用"×"（重升）表示，这和调式有关：

×1　×2　×3　×4　×5　×6　×7

基本音降低全音叫重降音，用"bb"（重降）表示：

$^{bb}1 \quad ^{bb}2 \quad ^{bb}3 \quad ^{bb}4 \quad ^{bb}5 \quad ^{bb}6 \quad ^{bb}7$

将已经升高（包括重升）或降低（包括重降）的音变成原始的音，则用还原记号"♮"表示：

$^{♮}1 \quad ^{♮}2 \quad ^{♮}3 \quad ^{♮}4 \quad ^{♮}5 \quad ^{♮}6 \quad ^{♮}7$

（2）音高

音符是和音高紧密相连的，没有一个不带音高的音符。音符的数字符号如 1、2、3、4、5、6、7 就表示不同的音高。在钢琴键盘上可以很直观地理解音符和音高。

钢琴上的琴键由黑键和白键组成，共有 88 个键。图 4-1 标示出了这 88 个键及其对应的音符和音高。现在重点看 12 个主要音级的音符——7 个白键和 5 个黑键。明白了这 12 个音符和位置规律就可以将所有 88 个键掌握了。

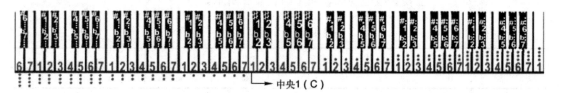

图 4-1　钢琴键盘

12 个主要音级的音符上下都不带圆点的叫中音区音符。这 7 个白键就是通常唱的 1、2、3、4、5、6、7 这七个音符。那么 5 个黑键呢？请看后面有关半音/全音的解释。

音符上边有圆点的，则表示要将该音升高一个音组，即"高 8 度"。如有两个圆点就表示将该音升高两个音组，余类推。在音符下边有圆点的，则表示要将该音降低一个音组，即"低 8 度"。如有两个圆点就表示将该音降低两个音组，余类推。

（3）音符的长短（时值）

音符有不同的长度，如表 4-3 所示。

表 4-3　音符的长度（时值）

音符名称	简谱记法	时值 （以四分音符为一拍时）
全音符	5 － － －	四拍
二分音符	5 －	二拍
四分音符	5	一拍
八分音符	5̲	半拍
十六分音符	5̳	四分之一拍
三十二分音符	5̳̲	八分之一拍

由表 4-3 可以看出：横线有标注在音符后面的，也有记在音符下面的，横线标记的位置

不同,被标记的音符的时值也不同。从表中可以发现一个规律,就是:要使音符时值延长,在四分音符右边加横线"-",这时的横线叫延时线。延时线越多,音持续的时间(时值)越长。相反,音符下面的横线使音符时值缩短,音符下面的横线越多,则该音符时值越短。

(4)休止符

音乐中除了有音的高低、长短之外,也有音的休止。表示声音休止的符号叫休止符,用"0"标记。

各种音符都有相应的休止符号,它们与相对应的音符的音值是一样长短的,但直接用 0 代替增加的横线,每增加一个 0,就增加一个四分休止符时的时值,如表 4-4 所示。

表 4-4 休止符的时值及记法

休止符名称	简谱记法
全休止符	0 0 0 0
二分休止符	0 0
四分休止符	0
八分休止符	0
十六分休止符	0
三十二分休止符	0

音符与休止符长度的比例关系如表 4-5 所示。

表 4-5 音符与休止符长度的比例关系

1 - - - = 1 - 1 -	0 0 0 0 = 0 0 + 0 0
1 - = 1 1	0 0 = 0 + 0
1 = 1 1 (1 1)	0 = 0 + 0
1 = 1 1 (1 1)	0 = 0 + 0
1 = 1 1 (1 1)	0 = 0 + 0

(5)半音与全音

音符与音符之间是有"距离"的,这个距离是一个相对可计算的数值。在音乐中,相邻的两个音之间最小的距离叫半音,两个半音距离构成一个全音。表现在钢琴上,钢琴键盘上紧密相连的两个键就构成半音,而隔一个键的两个键就是全音。

全音与半音的关系如图 4-2 所示。

图 4-2 全音与半音的关系

（6）附点音符

附点就是记在音符右边的小圆点，表示增加前面音符时值的一半，如果有两个小圆点，第二个小圆点则表示增加第一个小圆点长度的一半，如图4-3所示。

附点音符　　相应长度

1. = 1 + 1̲

1.. = 1 + 1̲ + 1̳

1̲.. = 1̲ + 1̳ + 1̳

图4-3　附点音符的长度

带有附点的音符被称为附点音符。其中带有一个附点的音符称为附点音符，带有两个附点的音符称为复附点音符。

3. 节奏

把不同长短的音组织起来，使音的运动轻重缓急形成一定的规律，这就是节奏。节奏是一个广义词，它包括音乐中与时间有关的所有因素，这里概括了拍子、小节、循环周期和重音的位置。

节奏按着音乐的强弱、长短，把音乐有序地组织在一起，使它们有序地进行着。如果没有节奏，音乐就会杂乱无章，不成其为音乐。在音乐里，节奏无所不在，它体现在每一个音符，每一个小节线，每一个重音和速度的标记中……因此，在音乐中，节奏是乐曲结构的基本要素，也是旋律的骨干。

4. 节拍

乐曲或歌曲中，音的强弱有规律地循环出现，就形成节拍。节拍和节奏的关系，就像列队行进中整齐的步伐（节拍）和变化着的鼓点（节奏）之间的关系。

在节拍中，众多的音符都是以一拍为单位的（也叫做"单位拍"），这个重要的时间段——一拍，就是音乐的基础，它是用指定的音符来代表的。也就是用各种不同的音符，比如二分音符、四分音符、八分音符等作为基础的一拍，然后有强有弱地循序渐进。

"强"与"弱"看似简单，但是人们可以根据这些简单的"强"与"弱"变化出很多种拍子来，从而形成各种情绪、各种不同风格的乐曲来。因此"节拍"是非常重要的，它等于是音乐大厦的基石，必须是有规律并且是有秩序的。

在节拍中出现一个名词叫"拍子"，下面就来谈谈"拍子"。

（1）拍子

"拍子"用简单的话来说，就是你用一个手掌来拍，手掌一下、一上，就叫做一拍。如果用两只手对拍，那么一张一合，就叫一拍。单拍下去，叫做半拍，再抬起来，也是半拍，这样一下、一上加起来就是一拍，如图4-4所示。

图4-4　半拍与一拍

（2）拍号

用以表示不同拍子的符号，称为"拍号"。拍号是用分数的形式来标记的，在简谱中，表示拍号的两个数字之间要加上横线。拍号的含义是：

$$\frac{每小节的拍数（横线上的数字含义）}{以何种音符为一拍（横线下的数字含义）}$$

读法是先读分母，再读分子，比如2/4叫四二拍，3/4叫四三拍，6/8叫八六拍。

例如2/4拍，是以四分音符为一拍，每小节有2拍。对于2/4拍，一小节里有两拍，第一拍是强拍，第二拍是弱拍。在一个小节里，只有一个强拍，一个弱拍出现，然后每小节不断重复出现。这种 2/4 的节奏很适合队列行进的时候使用，所以大部分进行曲都采用这种2/4拍的形式。

3/4 拍，是以四分音符为一拍，每小节有 3 拍。对于 3/4 拍，一小节里有一个强拍和两个弱拍，每小节重复出现。这种节奏很适合旋转，因此常用在圆舞曲（华尔兹）里。

4/4 拍，4/4 拍是以四分音符为一拍，每小节有 4 拍。在 4/4 拍里，第一拍是强拍，第二拍是弱拍，第三拍为次强拍，第四拍又是弱拍。

6/8 拍与 2/4、3/4 拍不同，它是以八分音符为一拍，每小节有 6 拍。这样在每小节里，第一拍是强拍，第二、第三拍是弱拍，第四拍是次强拍，第五拍和第六拍又是弱拍。

拍号中时值的实际时间，应视乐曲所标速度而定。

（3）单拍子

单拍子是指在一小节之内只有一个强拍，而后面有固定的一个弱拍、两个弱拍或者几个弱拍，但从头到尾都是很规律的，每小节反复重复，这种拍子叫"单拍子"。单拍子的特点是只有强拍和弱拍，例如每小节有两拍，或者有三拍的这种拍子，都叫单拍子。

要注意的问题是：

- 如果在一小节内，只有强拍，没有弱拍，就不叫单拍子，而叫"一拍子"（后面会讲到）；
- 在一小节之内只有一个音的时候，唱出来也是应该从强到弱，虽然只有一个音符，但在音乐表现中要体现这种感觉，把强弱变化唱出来。

（4）复拍子

在一小节内包括两个或者两个以上的强拍子（也就是由两个或者两个完全相同的单拍子结合在一起的拍子），叫做"复拍子"。但是这种强拍在力度上是有区别的，在这种复拍子中一般第二个出现的强拍叫做次强拍。因为是次强拍，因此在力度上要区别于第一拍，要比第一个强拍弱一些。

（5）混合拍子

每小节由两个或两个以上的不同类型的单拍子组成，有两个或两个以上的强拍，这样的复拍子叫"混合拍子"。

常见的混合拍子有五拍子（2+3 或 3+2）、七拍子（2+2+3 或 3+2+2）。

注意 混合拍子中在每小节里只可以有一个强音，因此第二组或第三组的强音都只能是次强音。

（6）特殊拍子

下面介绍一些平常用得很少的特殊拍子。

- 一拍子：每小节只有一拍，也就是说在一拍子的节奏里，每小节只有强拍，为的是突出音乐语言的力度，并有一种紧迫感。
- 变换拍子：由于作品的需要，有时固定的拍子不能从头到尾都是一种节奏，一种速度，这时候需要变换拍子（往往是因为情绪或是歌词的需要），这种变换称之为"变换拍子"。在变换拍子的时候，一定要标清拍子号。
- 自由拍子：拍子的强弱位置和音符时值都不十分明显，也不固定，演员可根据音乐的内容和情绪的需要自由地掌握速度的快慢和声值的长短。这种拍子叫做"自由拍子"（也叫做"散拍子"）。
- 交错拍子：在多声部音乐中，几种不同的拍子同时进行，这种拍子叫"交错拍子"。

（7）拍子的强弱规律

每一种拍子，它的强弱规律是不同的，从表 4-6 中可以了解常用拍子的强弱规律。以音 5（sol）为例。

表 4-5 常用拍子的强弱规律

拍类		音符	强弱规律	拍号	读法
单拍子	一拍	5	●	1/4	四一拍
	二拍	5 - 5 -	●○	2/2	二二拍
		5 5	●○	2/4	四二拍
	三拍	5 5 5	●○○	3/4	四三拍
		5 5 5	●○○	3/8	八三拍
复拍子	四拍	5 5 5 5	●○◐○	4/4	四四拍
	六拍	5 5 5 5 5 5	●○○◐○○	6/8	八六拍

（8）打拍子

会打各种拍子，在音乐的演唱和演奏当中，是很重要的，它可以帮助你识谱，提高你的识谱能力，并且能帮助你培养好的音乐感。图 4-5 是一些常用的拍子的图示，供练习用。

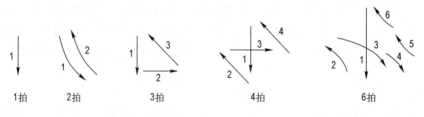

图 4-5 打拍子的图示

5. 小节

（1）小节与小节线

音乐总是跌宕起伏，强弱交替出现的，这种交替出现不能是杂乱无章的、随意的，必须按着旋律的结构，组织成最小的、有规律的组织，这是音乐进行的基础。这个最基本的基础，就是小节。在一小节里是不能出现两个强拍的。除非在弱拍上，特别标上了强音记号。

在乐谱中，为表明强拍的位置，就在强拍的前面画了一条垂直线，这条垂直线叫做"小节线"。两条小节线之间的部分叫做"小节"，如图4-6所示。

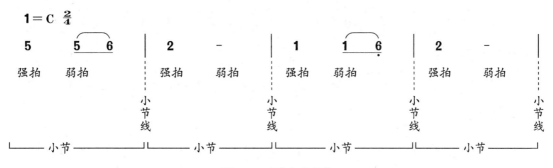

图4-6 小节与小节线

（2）双纵线与终止线

一个段落结束，或者在一个段落内需要转调的时候，画的两条小节线"‖"（两条细线，以区别终止线），叫做"双纵线"。

终止线是在乐曲最后，将要结束的地方，这里就不能单纯地画小节线，而是要用区别于一般的小节线来表示，这种表示的方法是用两条竖线"‖"，其中一条细线，一条粗线，细的一条在前，粗的一条在后，这叫做"终止线"，表明乐曲结束。

（3）弱起小节

一般情况下，乐曲开头部分都是从第一小节第一拍的正拍开始的，叫做"强拍起小节"，也就是从第一小节的强拍开始。但是还有一种起拍不是从第一小节第一拍的正拍开始，而是从第一小节第一拍的后半拍或者是第一小节的第二拍或别的拍开始的，总之不是从第一小节的正拍开始，都叫"弱起小节"。

这种弱起小节的结尾有两种：一种是完整的小节结束（也叫完全小节）；还有一种是不完整的小节（也叫不完全小节）结束。不完全小节就是最后一小节的拍子与第一小节的拍子结合起来才是完整的小节。

注意 在计算小节数时，应该以完整小节开始计算。

6. 切分音

（1）强位与弱位

各种拍子在组合中有强拍、弱拍、次强拍、弱拍等之分，而在每一拍中也有强位、弱位、次强位弱位等之别。

（2）切分音

从音的弱拍或弱位开始，把下一音的强拍或强位持续在内的相同音高的音，叫做切分音。使用切分音的目的是改变拍子或音的强弱关系。切分音的主要特征是在节拍与节奏上，而不是在音高上。含有切分音的节奏，叫做切分节奏。

切分音叫做节奏强音，切分音前面的那个音叫做节拍强音。在不加任何强音记号的情况下，切分音由于其音长增加，在音响上比它前面的音要突出。

常用的切分音形态如下例所示。

● 一拍之内：

$\frac{2}{4}$ X X X X ｜ X X. X ｜ 0 X X 0 X X ‖ $\frac{2}{2}$ X X X X X ‖ $\frac{3}{8}$ X X X X ‖

● 一小节之内：

$\frac{2}{4}$ X X X ｜ X X. ｜ 0 X X ‖ $\frac{4}{4}$ X X X X ‖ $\frac{3}{8}$ X X X X ‖

● 跨越小节：

$\frac{2}{4}$ X X ｜ X X ｜ X X ｜ X X ‖ $\frac{2}{2}$ X — X ｜ X — X X ‖

$\frac{3}{8}$ X X X ｜ X X ‖ $\frac{4}{4}$ X X X X ｜ X ｜ X X X X — ‖

（3）改变拍子或音的强弱关系的其他形态

● 在强拍、次强拍或强位上加用休止符，使弱拍或弱位获得强拍或强位的效果：

$\frac{4}{4}$ 0 X 0 X ｜ 0 X 0 X 0 X X 0 ‖

● 用强音记号使某一音突出：

$\frac{3}{4}$ X $\overset{>}{X}$ X ｜ $\overset{>}{X}$ X $\overset{>}{X}$ ‖

● 将一群不同音高的音加用连线，使其第一个弱音成为强音的效果：

1 = C $\frac{2}{4}$

0 3 2 1 ｜ 6. ｜ 2 ｜ 1 6 5 ｜ 5. ｜ 5 ｜ 6 7 1 ‖

7. 连音符

（1）连音符的概念

将一个基本音符或附点音符分成基本划分所无法划分的等份，从而构成一种特殊的音符划分形式，这种以特殊形式划分出的音符称为连音符。连音符是一种不规则的节奏。在简谱中，连音符的标记用开口的小弧线加数字记在音符上方。

连音符种类繁多，有三连音、五连音、六连音、七连音、九连音、十一连音、十二连音和二连音、四连音等。歌曲中最常使用的是三连音。由于九连音、十一连音、十二连音在歌曲中几乎不使用，所以在本书中就不作介绍了。

（2）基本音符的特殊划分
- 三连音：以三个音代替原本均分为两个音的音符，这种音符划分形式，称为三连音，如图 4-7 所示。

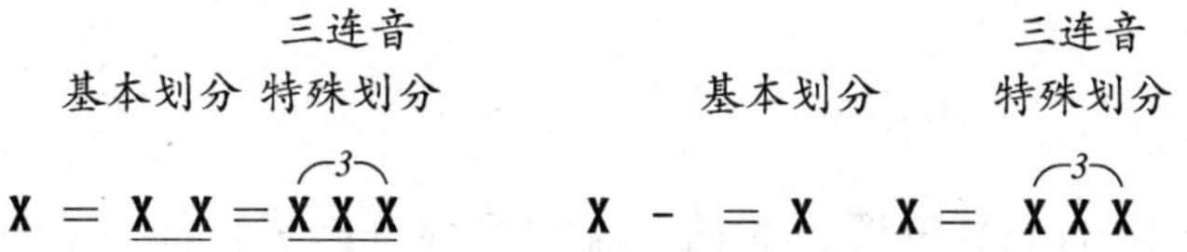

$$\underset{\text{基本划分}}{X = X\ X} = \underset{\text{特殊划分}}{\overset{3}{\overbrace{X X X}}} \qquad \underset{\text{基本划分}}{X\ -\ =\ X} \quad \underset{\text{特殊划分}}{X = \overset{3}{\overbrace{X X X}}}$$

图 4-7　三连音

- 五连音、六连音、七连音：以五个音、六个音、七个音分别代替原本均分为四个音的音符，这种音符划分形式，称为五连音、六连音和七连音，如图 4-8 所示。

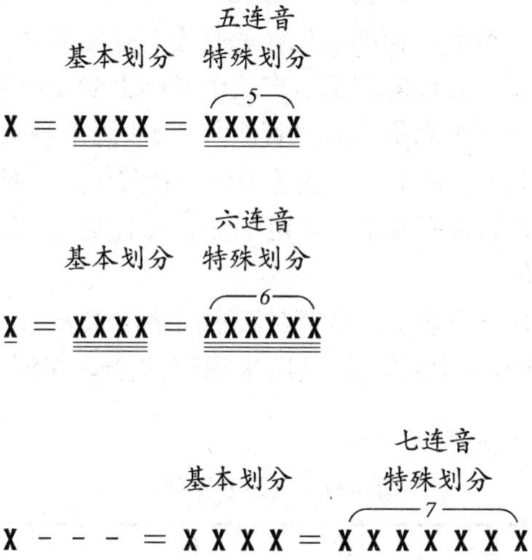

$$\underset{\text{基本划分}}{X = X X X X} = \underset{\text{特殊划分}}{\overset{5}{\overbrace{X X X X X}}}$$

$$\underset{\text{基本划分}}{X = X X X X} = \underset{\text{特殊划分}}{\overset{6}{\overbrace{X X X X X X}}}$$

$$\underset{\text{基本划分}}{X\ -\ -\ -\ =\ X X X X} = \underset{\text{特殊划分}}{\overset{7}{\overbrace{X X X X X X X}}}$$

图 4-8　五连音、六连音及七连音

（3）附点音符的特殊划分
- 二连音：以两个音代替原本均分为三个音的音符，这种音符划分形式，称为二连音，如图 4-9 所示。

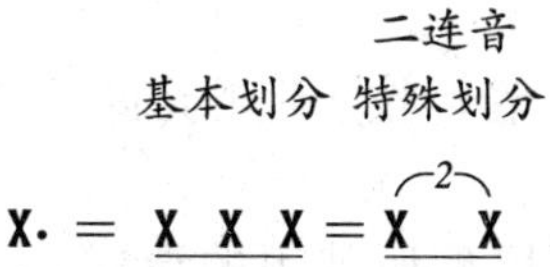

$$\underset{\text{基本划分}}{X\cdot\ =\ X\ X\ X} = \underset{\text{特殊划分}}{\overset{2}{\overbrace{X\ X}}}$$

图 4-9　二连音

- 四连音：以四个音代替原本均分为三个音的音符，这种音符划分形式，称为四连音，如图 4-10 所示。

```
                        四连音
          基本划分    特殊划分
                              4
        X - - = X X X = X X X X
```

图 4-10 四连音

8. 调

"调"即调式音阶的音高位置。调的名称由两部分组成，即主音的高度和调式的类别。简谱中"1=C"表示乐曲中的 1（do）唱成 C 那样高，但并不表示 1 就是乐曲的主音，主音取决于调式。例如，以 F 为主音的大调式，叫做 F 大调式，以 g 为主音的小调式，叫做 g 小调式。

（1）调的形成

首先讲 C 调。

C 调：1 2 3 4 5 6 7

这是 7 个最基本的音，没有任何的变化（就是没有任何升降音）。由这 7 个基本音构成的调就是 C 调，也是基础调，其他的调都是在这个基础上演变而成的。

在音阶里每一个音都有一个名称叫做"音级"，一般用罗马数字 Ⅰ、Ⅱ、Ⅲ、Ⅳ、Ⅴ、Ⅵ、Ⅶ来代表各个音级。Ⅰ级音是主音，在各个调的音阶中，其他音都要随着主音来进行变化。在一个调式里音级之间的音程关系是固定不变的（而变化只能由音来升高或降低）。

（2）音阶中各音的名称

在音阶中每一个音都有一个名字，这个名字不用字母来表示，也不用 do、re、mi、fa、sol、la、si 来表示，而有专有名称，它是用来说明这个音在调式中的地位和作用的，如表 4-7 所示。

表 4-7 音级及其名称

音级	Ⅰ	Ⅱ	Ⅲ	Ⅳ	Ⅴ	Ⅵ	Ⅶ
名称	主音	上主音	中音	下属音	属音	下中音	导音

在这 7 个音级里面，第四级（下属音）和第五级（属音）非常重要。它们加强了主音的地位，使得调性更为明确、固定，它们是调性的明显特征。

（3）调式音阶

按照一定关系结合在一起的几个音（一般是 7 个音左右）组成一个有主音（中心音）的音列体系，构成一个调式。

把调式中的各音，从主音到主音，按一定的音高关系排列起来的音列，叫音阶。如 C 调：**1 2 3 4 5 6 7**。

不同时代、不同国家、不同民族所使用的调式，其音阶构造有共同性，也有特殊性。17 世纪之前，流行于欧洲中世纪的七声调式来源于民间音乐，为教会音乐所采用，后又为世俗音乐所采用。大小调调式体系是指西方传统大小调体系中的自然小调、自然大调、和声小调、和声大调、旋律小调、旋律大调等 6 种七声调式。下面介绍最常用的几种调式。

（4）大调式

大调式简称大调，分为自然大调、和声大调、旋律大调三类。使用最广泛的大调式是自然大调。

凡是音阶排列符合"全、全、半、全、全、全、半"结构的音阶，就是自然大调，如图 4-11 所示。

图 4-11　自然大调

一般来说，一首音乐作品的开始音符是使用 1、3 或 5 的，而结束在 1 上的就是大调音乐。大调式的总体色彩是明朗光辉的。

（5）小调式

小调式有以下三种形式。

- 自然小调：凡是音阶符合"全、半、全、全、半、全、全"结构的音阶，称为"自然小调"，如图 4-12 所示。

图 4-12　自然小调

- 和声小调：将自然小调音阶中的第Ⅶ级音升高半音，称为"和声小调"。
- 旋律小调：在上行时，将自然小调中的第Ⅵ级音和第Ⅶ级音升高半音，而下行时是自然小调的结构，称为"旋律小调"。

小调音乐一般第一个音符是从 6 或 3 开始，而结束在 6 上。比如《莫斯科郊外的晚上》就是小调音乐。

这三种小调式在乐曲中运用较为普遍，总体色彩都比较暗淡。

（6）转调

在音乐作品中，由一个调进行到另一个调叫做转调。转调时可保持原来的调式，调号改变，例如 C 大调转入 G 大调。简谱用 1=C 转 1=G 来表示。

转调可以使音乐造成相对不稳定，要求继续发展，然后再回到原来调，形成稳定。同主音大小调的转调，在色彩上能形成鲜明对比。转调是音乐发展的重要手法之一，能丰富音乐的表现力。

9. 各种常用记号

（1）反复记号

反复记号用‖:　:‖表示，表示记号内的曲调反复唱（奏）。如果从头反复，前面的‖:可省略。例如，A B C‖:D E F:‖，实际唱（奏）为 A B C D E F D E F。

反复跳跃记号用  表示，记在曲调的结尾，表示这段曲调的两次结束不

相同，例如 A ｜B ｜C ：｜D ‖，实际唱（奏）为 A B C A B D。

"D.C."记在乐曲的复纵线下，表示从头反复，然后到记在"Fine"或 ‖ 处结束。

注意 "Fine"是结束。"⌒"是无限延长号，如果放在复纵线上，则表示终止。

（2）装饰音

装饰音的作用主要是用来装饰旋律，用记号或小音符表示。装饰音的时值很短。

- 倚音：指一个或数个依附于主要音符的音，倚音时值短暂。有前倚音、后倚音之分。例如，$\frac{5}{6}$ 为前倚音，实际唱（奏）$\underline{5\,6}..$，$\frac{5}{6}$ 中的 5 要唱（奏）得非常短促，一带而过。$\frac{56}{1}$ 实际唱（奏）$\underline{5\,6}\,\dot{1}..$ $\underline{5\,6}$ 仍然唱（奏）得很短促。

- 颤音：由主要音和与它相邻的音快速均匀地交替演奏，颤音用"tr"或"tr～～"标记。例如，$\dot{1}\,-$，实际演奏 $\underline{1212\,1212}$ $\underline{1212\,1212}$。

- 滑音：主要音向上或向下滑向某个音。滑音分上滑音"↗"和下滑音"↘"两种。除声乐能演唱滑音这一技巧外，一切弦乐器都可演奏，但钢琴等键盘乐器是无法演奏这一技巧的。

（3）顿音记号

顿音记号用"▼"标记在音符的上面，表示这个音要唱（奏）得短促、跳跃。例如，$\overset{\triangledown}{1}\ \overset{\triangledown}{3}\ \overset{\triangledown}{5}\ \overset{\triangledown}{3}$ ‖，演奏成 1 0 3 0 5 0 3 0 ‖。

（4）连音线

连音线用"⌒"标记在音符的上面，例如，$\widehat{6.\ 3}$ ｜2 — ｜$\widehat{2\ 3.\ 1}$ ｜ $\widehat{\dot{6}.\ \dot{5}}$ ｜$\widehat{6\ 7}\ 7$，它有以下两种用法。

- 延音线：如果是同一个音，则按照拍节弹奏完成即可，不用再弹奏。
- 圆滑线：连接两个以上不同的音，要求唱（奏）得连贯、圆滑。

（5）重音记号

重音记号用">"或"∧"或"sf"标记在音符的上面，表示这个音要唱（奏）得坚强有力。当">"与"∧"两个记号同时出现时，"∧"表示更强，例如，$\overset{\wedge}{5}\ \overset{>}{5}\ \overset{>}{5}$ ‖。

（6）保持音记号

保持音记号用"—"标记在音符的上面，表示这个音在唱（奏）时要保持足够的时值和一定的音量。例如，$\bar{5}\ \bar{5}\ \bar{3}\ \bar{1}$ ｜$\bar{2}\ 3.\ \bar{5}\ -$ ‖。

（7）延长号。

延长号用"⌒"标记。

延长记号表示可根据感情和风格的需要，自由延长音符过休止符的时值。例如，

6. 5 ｜4 0 3 0 ｜2 0 1 $\overset{\frown}{0}$ ｜3 3 3 2 2 ｜$\overset{\frown}{6}$ — ‖。

四、常见的声乐体裁

1. 民歌

民歌即民间歌曲，是一种由普通民众即兴创作、口头传播，词（文学）、曲（音乐）紧

密结合，篇幅短小，题材、体裁非常多样化的民间歌唱艺术形式。每个民族的民歌有自己特定的传统，但又因方言、习俗、生活生产方式不同而形成丰富多样的地方特色和风格。

民歌是各民族文化的源头。世界上每个民族都通过自己的民歌文化倾诉本民族人民大众的劳动、爱情、世俗生活、宗教信仰和理想、精神。同时，民歌"总是亲切地伴随着历史"（高尔基），成为民族的"编年史"（马克思）和百科全书。

民歌的曲体以两句、四句、五句体和多句体较常见。上、下句体是民歌曲体的基本结构，四、五句和多句都是在两句体的基础上形成的。其中两句体的对仗原则，四句体的起、承、转、合原则具有深厚的历史传统和独特的美学趣味。此外，大多数民歌都广泛使用衬词衬句。这些词、句对于加强民歌的地方特色和歌唱性具有举足轻重的作用，有些衬句则起到扩展结构、增强音乐变化的作用。

2. 抒情歌曲

抒情歌曲是当代人们最熟悉、最喜爱的歌曲体裁，抒情歌曲以音乐最擅长的感情抒发功能为特征，在人们的音乐生活里受到了最广泛的注意。

抒情歌曲的容量较大，在题材内容上极为广泛，不管从群体还是个体的角度，只要是抒发人的内心感情的歌曲，大都有抒情的特点。对生活的思索，对理想的追求，对祖国家乡的讴歌，对亲人和情人的爱恋，对大自然的赞叹，对人类博爱的胸怀，抒情的、哲理的、伤感的、崇高的，都可为抒情歌曲所容纳。在音乐构成上，快速度、慢速度，各种节拍，各种节奏都可广泛运用，在演唱方式上除了主要是独唱外，还有各种组合的重唱、小合唱、抒情性的合唱等。在声部和演唱风格上，男声、女声、高音、低音、西洋美声唱法、民族民间唱法、通俗唱法都可在抒情歌曲领域里得到充分的运用和体现。

抒情歌曲根据不同的写作手法还可分别具有如下的几种体裁特点。

（1）艺术抒情歌曲

这类抒情歌曲即通常所指的艺术歌曲。艺术抒情歌曲由于歌词的深层内涵，写作的较高技巧，以及伴奏在表现上的重要作用，因而有着较高的美学欣赏价值。

（2）民族歌谣体抒情歌曲

这类抒情歌曲在旋律、节奏、调式、歌词句式和音乐气质上具有民族歌谣的性格。其中如扬抑格（每句大多为强拍开始）的节奏，均衡的句法，旋律的线条美，词曲的音韵结合，以及大都用具有民族民间特点的唱法等均是它的鲜明特征。

（3）通俗抒情歌曲

这类抒情歌曲通俗浅显，易于传唱，在词曲、演唱上比较接近人们的生活。它同民族歌谣体抒情歌曲主要的不同在于它具有较多的创作歌曲风格，旋律进行同语调结合比较紧密。它的节奏更为多样，有"校园歌曲"式的均衡、平稳节奏，也有大量运用切分音的给人以动荡感觉的比较自由的节奏。演唱上大都为所谓的"通俗唱法"，或者兼有这种风格的其他唱法。

（4）颂歌抒情歌曲

这类抒情歌曲在歌词内容上大多为歌颂祖国、英雄人物、理想和美好生活等。音乐上宽阔浩大，富于激情。旋律的起伏比较大，节奏也较为舒展，有些歌曲还运用领唱、合唱的演唱形式。

（5）朗诵抒情歌曲

创作歌曲风格的朗诵体，歌词常为字数长短不一的自由诗体，旋律有比较自由的朗诵语调和节奏随意性较强的韵律，即使有些歌曲歌唱性较强，但也大多是如说如歌、如吟如唱的性格。在音乐上常使用抑扬节奏（弱拍或后半拍起）、三连音节奏，以及重音不完全吻合节拍规律的节奏等。曲调同四声可能结合得较紧，但有时却大量运用同音反复，形成诉说式的喃喃语调性格。

3. 叙事歌曲

叙事歌曲以叙事为特征。较大型的叙事歌曲常有人物和故事情节，较小型的在歌词、内容上也常有一定的叙事特点和人物身份。

较小型的叙事歌曲不一定有情节性，往往是叙事与抒情特点相结合，叙中有情，情中有叙。

4. 诙谐歌曲

这类歌曲轻松谐趣、生动活跃，在音乐上民族风格比较鲜明，演唱上常常或加入说白，或作些夸张的处理。

5. 咏叹调

咏叹调是歌剧中的主要声乐唱段，用独唱形式演唱。咏叹调往往被安排在戏剧情节发展的关键时刻，用来表现剧中人物在特定环境里的思想感情和内心独白。咏叹调旋律优美动听，音乐情绪的变化起伏较大，要求运用高超的声乐演唱技巧，是歌剧中最具艺术魅力的唱段，也最易于流传。

6. 宣叙调

宣叙调又称朗诵调，是歌剧、清唱剧中的一种独唱体裁。宣叙调的旋律很像口语或朗诵的语调，它节奏自由，没有规整的乐句、乐段等。在歌剧等声乐作品中，宣叙调常出现在咏叹调之前，与后者形成对比，并使后者显得更加美妙悦耳。

7. 康塔塔

康塔塔是一种包括独唱、重唱、合唱和管弦乐的多乐章声乐套曲，17世纪初起源于意大利。开始时是一种世俗的独唱套曲，传入德国以后发展成包括独唱、重唱和合唱的声乐套曲。现在是指包括合唱队、独唱者和管弦乐队的多乐章大合唱。音乐偏重于抒情性，戏剧性则不强。内容往往是对于某一人物、城市、国家、山河、历史事件等的歌颂。巴赫作了200多部康塔塔，其中大多数是教会康塔塔，少数是世俗康塔塔。近代作曲家的作品有普罗科菲耶夫的《亚力山大·涅夫斯基》等。

8. 清唱剧

清唱剧是介于歌剧与康塔塔之间的一种包括独唱、重唱、合唱的多乐章声乐套曲，由管弦乐队伴奏。与歌剧比较，清唱剧一般不置舞台布景，不穿赋予"剧"中角色的服装，不进行舞台调度，而以合唱队形的形式在音乐会上演出；与康塔塔比较，清唱剧的篇幅长大，有较明显的戏剧结构和戏剧情节，更富史诗性和戏剧性，歌词更具连贯性。

9. 歌剧

歌剧是把音乐、戏剧、诗歌、舞蹈和美术等艺术形式综合在一起，并以歌唱形式为主的音乐戏剧体裁。它由咏叹调、宣叙调、重唱、合唱、序曲、间奏曲和舞蹈场面等组成（在有些歌剧作品中还包括说白和朗诵等）。早在古希腊时期的戏剧作品中就出现了以合唱队伴唱的场面，戏剧中的朗诵甚至也有以歌唱形式出现的，这成为歌剧的古老的起源。16 世纪末 17 世纪初，随着文艺复兴运动的发展，在意大利开始出现了早期的歌剧作品。但那时的歌剧还不具备现代歌剧那样的表现力和感染力。歌剧的全面发展时期是在 18 世纪和 19 世纪。这段时期随着整个艺术形式的发展，歌剧也取得了长足的进步。特别是 19 世纪，一批卓越的意大利歌剧作曲家，如罗西尼、贝里尼、多尼采蒂、威尔第等人创作的歌剧作品，把歌剧艺术推到了空前的高度。此外，柴科夫斯基、穆索尔斯基、瓦格纳、理查·施特劳斯、普契尼，以及现代作曲家斯特拉文斯基、普罗科菲耶夫等，都以优秀的作品对歌剧的发展作出重大的贡献。

歌剧除正歌剧（如亨德尔的绝大部分歌剧）外，还有喜歌剧（如莫扎特的《费加罗的婚礼》、罗西尼的《塞维尔的理发师》）和轻歌剧（如奥芬巴赫的《地狱中的奥菲欧》、约翰·施特劳斯的《蝙蝠》）两种体裁。

五、声乐的演唱形式

1. 独唱

单独一个人演唱的形式，叫做独唱，它是演唱形式中的最重要的类型之一。独唱除了在音乐会中出现外，也常在歌剧、清唱剧等戏剧音乐中出现。一般的独唱歌曲，都具有鲜明的特性和突出的演唱技巧，因此这种形式便成为歌唱家们的主要表演形式。独唱时多采用钢琴或管弦乐队伴奏。伴奏起着巨大的烘托歌曲效果的艺术作用。

2. 齐唱

齐唱是演唱形式中最简单的一种集体演唱形式，它由一个演唱群体组成，按同度或八度音程关系演唱同一曲调，也就是单声部的群唱。由于其形式简单，易于组合，在儿童的演唱活动中，常采用这种形式。

3. 重唱

重唱是一种分声部的演唱形式，每个声部由一人担任。重唱分为两种类型：一种是同声重唱，即各声部都是男声或女声；另一种类型是混声重唱，即各声部由男女声混合演唱。重唱的形式有许多种，主要的形式包括二重唱、三重唱和四重唱等。

4. 合唱

合唱是由群众的歌唱逐渐发展形成的。由于人声生理上的差异，有些人嗓音响，而有些人嗓音低，因此，有些人能唱旋律，而有的人则感到困难。唱歌时有一些人会降低某些音，当他们和唱旋律的人一起唱时，人们发现有些音降低了以后与原来的旋律一起唱不但不难听而且更丰富更动听了，久而久之，就形成了合唱的雏形。

在中国的一些民歌中，人们还能听到这种雏形的模式。

在欧洲，十三四世纪以前也是单旋律音乐，后来出现了以原来旋律为主，另外加一个与之对立的旋律的形式，这个形式叫做"奥加农"。随着时代的发展，由于表现的需要和人声的表现的可能性的拓宽，合唱愈来愈丰富，到了今天就形成多种多样的合唱。

合唱的形式有男女声混声合唱、女声合唱、男声合唱和童声合唱。

5. 对唱

对唱是由两个或两组人采用一问一答的方式进行演唱的形式。对唱以唱为主，可以稍有表演和动作。对唱双方的曲调旋律可以相同，也可以有些变化。这种贴近生活、易于排练的演唱形式为群众喜闻乐见。

6. 轮唱

这是歌曲处理的一种方式。将一个演唱群体分为两部分，两个部分分前后唱同一曲调，后唱的一部分比先唱的那部分晚一小节进入，然后在结束前，先唱的一部分重复多唱一小节，达到与后唱的部分同时结束的目的。轮唱适合少年儿童的演唱，它具有此起彼伏、后浪推前浪的音乐效果。

7. 领唱与合唱

这是一种一唱众和的合唱形式。独唱部分往往是全曲的主导部分，旋律性较强，并具有引导众人合唱的作用，故独唱被称为领唱。合唱部分气势磅礴，具有呼应的特点。这里领唱与合唱构成一个完整的整体。在民间的集体劳动歌曲中，常有这种形式。

8. 无伴奏合唱

没有伴奏的合唱称为"无伴奏合唱"，它是合唱中的一种主要形式。无伴奏合唱的演唱效果完全由人声来表现，因此，在合唱形式中它是难度较大的一种，对合唱队成员的要求更高，它要求每一个合唱队员都要有极好的音准、音色和节奏感。无伴奏合唱通常为多声部（至少有3个声部），这样才能形成声部间完整的和弦关系，才能构成变化着的和弦进行。各声部之间配合也较其他形式更严谨、更紧密、更细致，以达到完满的音乐效果。它完全由人声来刻画歌曲内容，因此，在表达情感方面有其独特的音乐表现力。人们所熟悉的无伴奏合唱作品中有拉索的《回声》。

练 声 篇

❑ 艺术嗓音的训练

第五章　艺术嗓音的训练

声乐艺术是一门技术性和实践性非常强的学科，仅凭理论知识和文学资料去进行学习是非常困难的，它主要是通过正确的发声训练和不断的歌曲演唱实践来逐步完成的。每位歌唱者必须通过发声练习的途径，才能掌握科学的歌唱发声的基本方法。

一、歌唱发声练习的目的和要求

歌唱发声练习的目的，简要地说，就是将歌曲演唱中对声音所需求的各种技术环节，通过有规律、有步骤的发声练习，逐步提高歌唱发声的生理机能，调节各歌唱器官的协作运动，养成良好的歌唱状态，使歌唱发声的技术成为歌唱表现的有力手段，为达到声情并茂的演唱服务。

有的人把歌唱发声练习仅仅看作是唱歌前"开开嗓子"的作用，因此在练唱前大吼几声，所谓"吊吊嗓子"，这是非常片面的。练声的目的是要调整、巩固科学的发声状态，把良好的歌唱状态保持到歌唱中去，改变平时生活中自然的发声习惯，使之成为符合歌唱发声的习惯和状态，所以必须明确练声的目的，而不是简单的"开开声"而已。

歌唱发声练习要求每个歌唱者首先要了解和熟记歌唱发声器官的生理部位及其功能，掌握歌唱发声的基本原理，全面理解其精神实质，通过反复的练声及歌唱实践来消化和验证其歌唱规律。因此在发声训练过程中应注意以下几点要求。

（1）歌唱者一定要充分理解和运用气息发声和气息控制的方法，即横膈膜的呼吸方法，因为在整个的声乐功能系列中，歌唱呼吸是最最重要的一环，是整个歌唱建筑的基石。也就是说，所有声乐上的艺术技巧，没有一项是可以离开气息的控制而独立存在的，因此，必须明确呼吸的重要性，重视练好歌唱呼吸的基本功。

（2）打开喉咙，稳定喉头，是歌唱基本功训练的核心，这是歌唱者声乐技巧能否顺利发展的关键之一。很多歌唱者声音上的毛病，多是由于唱歌时喉头不打开、不稳定造成的，如声音窄亮、空闷、摇晃，等等。而正确的喉头位置是协调呼吸器官的运动，获得稳定、流畅声音效果的关键。

（3）要恰当地运用好歌唱的共鸣，要使声音传得远，充满剧场，且圆润，优美动听，这是要经过专门训练的。对于初学声乐者来说，这是比较难掌握的课题。由于共鸣训练常常与其他发声基础要求分不开，因此要求歌唱者通过母音的转换，稳定喉头，打开口腔，调节气息等手段，把声音振响在鼻咽腔以上的高位置头腔共鸣点上，来增大音量，扩展音域，美化音色，统一声区，使高、中、低三个声区的声音协调一致，天衣无缝，走动灵活自如。

（4）正确的发声要与正确的咬字、吐字相结合。通过字、声结合的练习来提高唇、齿、舌的灵活运动能力，使之更完美而生动地表现歌曲的情感和内容。

（5）在歌唱发声时，还要注意对音准、节奏的训练，通过发声练习，逐步掌握连、顿、强、弱等全面的歌唱发声技巧，丰富歌曲的表现手段，增强歌曲演唱能力。

（6）在每次练习时，都要保持正确的歌唱姿势，正确的歌唱姿势是进入良好歌唱状态的前提。沈湘先生说过："歌唱是一种运动，任何运动都需要有一个适当的、合理的身体状态，唱歌这一运动则需要良好的姿势。"

（7）有人说："精神放松，艺术开始。"这很有道理。在练声、唱歌前，一定要摒除一切杂念，稳定情绪，要有非常好的心理状态，要有良好的歌唱欲望，要充满信心、放松自如地进入歌唱状态，否则是唱不好歌的。

（8）从开始练声起，就要同音乐结合起来，即练声也要有良好的乐感。音程、音阶一方面是肌肉、音准、气息、共鸣等方面的技术练习，同时它们又都是乐曲的组成部分，要给它们以音乐的活力和生命。因此练声一开始，要求每个歌唱者把音程、音阶、练声乐句也唱得悦耳、动听，切勿以为只有练习歌曲才需要乐感，练声就可以不注意乐感了。事实上，如果在练声时就能很好地训练乐感，到练唱歌时也就顺理成章了。

由上述可以领悟到，在歌唱发声的过程中，呼吸、共鸣、吐字、表现缺一不可，它们是相互联系、相互促进、相辅相成的，这就是"整体歌唱"的含义。

二、歌唱发声练习的步骤

歌唱发声基本功的练习，一般按音域进展的规律，可分为以下三个阶段进行。

1. 第一阶段

第一阶段以中声区训练为基础，掌握基本的发声方法，调节和锻炼肌肉以适应歌唱技术的需要。无论哪一个声部，都应该从中声区开始训练，男女高音从 d^1-e^2 即 C 调的 2-$\dot{3}$ 开始；男女中（低）音可低一个小三度即 b-c^2（$\dot{7}$-$\dot{1}$），练中声区的音相对巩固后再逐步扩大音域。要知道声乐学习要从基础入手，中声区是歌唱嗓音发展的基础，基础必须打得扎实，如同盖大楼一样，若不把地基打好，高楼就会倒塌。因此在还未建立牢固的发声基础前，切勿盲目地急于想唱得响，拔高音，唱大歌，急于求成，急功近利，要记住"欲速则不达"这个道理。在第一阶段的练习中无论气息的练习也好，乐句的练习也好，都应该以从简单到复杂，从易到难，从短到长，从慢到快，从平稳到多变这样一个循序渐进的原则进行训练。

2. 第二阶段

第二阶段是在中声区的基础上，适当扩展音域，加强气息与共鸣的配合训练，练好过渡声区（换声区）的训练，为进入头声区的训练打好基础。这一阶段的练习特别要注意以下几个问题。

（1）用母音转换的办法，适当调节口腔状态，把中声区的（a）母音，渐渐地随着音高使口腔内部的"啊"加上"奥"的感觉（a+ao），为进入头声区，变成"啊"加"呜"（a+u）的状态做准备。

（2）随着音高向上扩展时喉头位置不变，气息支点要稳固，不要向上移动，声音位置的感觉相对集中在眉心处，使声音加强上部共鸣的振动。

（3）注意唱过渡声区的音高时，要像唱中声区一样地自如，声带的位置像是长在胸口，要坚持住唱中声区时的喉头位置和用力感，只有在加强气息的控制及喉头稳定不着力的基础上，才可使声音平安渡过换声区，使声音统一、圆润。

第二阶段的练习是关键的一环，需要花费的时间相对也比较长，但千万要有耐心和信心，不要急于唱高音，要沉得住气，等这段音域巩固后，再进入高声区的练习。

3. 第三阶段

第三阶段即高声区的练习，可以在比较巩固上两个阶段的基础上加强音量音高的训练，进一步扩大音域，做较复杂的发声练习，使各声种达到理想的音高范围。这一阶段的练习要特别注意高、中、低三个声区的统一，音的过渡不要发生裂痕和疙瘩，重点是加强头声区的训练，获取高位置的头腔共鸣，从而达到统一声区的目的。这样，歌唱发声的"乐器"基本制造完毕，可以唱一般难度较大的歌曲了。各个声种还可以依据本人的声部特点，继续进行各种更加复杂技巧的练习，以及相应程度的歌曲演唱，加强全面的音乐修养，使声音向着更完美、更优美、更富有表现力的"自由王国"发展。

三、歌唱发声练习的起音

发声练习开始的时候，必然会遇到如何起第一个音的问题，称之为歌唱时的"起音"或"起声"。歌唱的起声可分为激起声、软起声、舒起声。

1. 激起声

激起声是当吸气完毕后，胸腔保持不动，声带先自然闭合，然后，再以恰当的气息冲击声带使之振动发声，这样发出来的声音结实有力，在发声训练如顿音、跳音的练习中常常使用，也用这种方法纠正声带漏气的毛病。此时与之相应的呼吸方法往往采用急吸急呼，如：

| 5 0 3 0 1 0 | 5 0 3 0 1 0 |
| ma ma ma | mi mi mi |

2. 软起声

软起声是声带在开始闭合的动作时，气息也同时往外送，开声门与气息振动声带同时进行。这种方法气息的冲击力比"激起声"柔和，发出的声音比较平稳、舒展。在发声训练中也常常在练连音和长音中采用，同时也用软起声的发音方法来纠正喉音的毛病，与之相应的呼吸方法往往采用缓吸缓呼法。

3. 舒起声

舒起声是声门先开，然后气息再振动声带，它的特点是先出气而后发声，像叹气一样。在劳动号子中，常常用到这种起声法。在发声训练中，这种方法可用来纠正声音过于僵硬的毛病，在通俗唱法中使用较多，较口语化。总之，歌唱的起音首先要精神饱满，全身协调，根据不同类型的练声曲例来确定起音的方法，注意起音的音量不要过分强，以舒适的 mf 或 mp 音量为合适。

四、歌唱发声练习曲

练习曲的练习，是发声歌唱的重要的基础训练。练习曲可以用各个母音或混合母音或子母混合音，也可以用音阶的音名1、2、3、4、5、6、7等来练唱，或者在练声曲上安排歌词来练习，即带词练习。发声练习曲有多种类型，这些不同类型的练习曲都有不同的目的和功能。发声练习过程中，是以声音效果和发声器官肌肉适度的标准去调整发声器官的机能和状态的，由于每个人的发声器官的构造、嗓音条件、声音类型、发声习惯各不相同，因此，并不是每一种类型的练习都必须唱，而是有计划、有针对性地进行选择练习。而且不同的学习阶段，选择的发声练习曲也是不同的，但一般情况下，开始的练习总是选择元音和比较平稳的音阶开始练声。

下面给出一些练习曲选。

(1) 1 2 | 3 4 | 5 4 | 3 2 | 1 - ‖ 中速
     n

闭口哼鸣在哼唱时，上下牙略分开，舌尖轻抵上门齿背，舌面平放靠近上腭，口腔像含着半口水一样，把声音"逼"向鼻腔通道产生共鸣。

(2) 5 4 | 3 2 | 1 - ‖ 中速
     n

哼鸣音练习，轻松开口和闭口的情况下哼唱，也可咀嚼哼鸣。这时体会声音的点和气息的连贯支持。

(3) 5 6 | 5 4 | 3 2 | 1 - ‖ 中速　连贯
     yu

声音下行过程中不要增加音量，保持假声的位置，混入真声成分，尽可能使声音均衡不脱节。

(4) 5 4 | 3 2 | 1 - ‖ 中速　连贯
     mi　ma　mi

唱"mi"时，气息支持要积极，笑肌抬起，唱开口音"ma"时，后腔体打开，完全放松地运用气息进行歌唱。注意要连贯、流畅，一口气完成。

(5) 1 2 3 4 | 5 4 3 2 | 1 2 3 4 | 5 4 3 2 | 1 - ‖ 中速
     yi　　　　ao　　　　li　　　　la　　　　yi
     yu　　　　e　　　　　yu　　　　a　　　　 yu

每拍时值要饱满，声音要圆滑、连贯，气息均匀，开口音放松打开，闭口音含笑着把声音唱出来。

(6) `1 3 | 5 i | 5 3 | 1 - ‖: 1 3 5 3 | 1 3 5 3 | 1 - ‖:`
     e   a   e   a   mi   ma   mi

`5 3 1 | 5 3 1 ‖`
     i   a

分解和弦的声音训练，要强调气息的运用规律。练习跳音主要是锻炼声音的灵活性和弹性，也能起到扩展音域和统一声音的作用。有时还能克服声音"滞重"的毛病。

(7) `5 4 2 4 | 3 5 4 2 | 1 - ‖` （闭嘴用后咽壁哼）
     i e a e   i

统一声音状态，气息沉稳，思想走在声音前面。

(8) `1 3 2 4 | 3 5 4 2 | 1 - ‖` （闭前开后）
     i e a e   i

声音状态统一，气息沉稳，后咽壁拉住，保持后咽壁空间。

(9) `1 3 5 3 | 1 3 5 3 | 1 0 ‖`
     mi ma   mi ma   mi

状态统一，高位置。咽壁打开，保持。

(10) `1 5 5 5 | 5 4 3 2 :‖ 1 - ‖`
      mi hi hi hi hi hi hi hi   ha
      ma ha ha ha ha ha ha ha

这一练习要注意一字一音的灵活性和一字一音的连贯性。这个练习的主要作用是气息、发声、共鸣协调配合，锻炼横膈膜的功能和弹性，从而逐步实现用横膈膜控制呼吸。唱跳音、顿音时，感觉气息的支点在两肋横膈膜处，每唱一个音都要使腰部肌肉弹跳起来，每个音断开来唱，肌肉的力量有点像轻微咳嗽的感觉，喉咙的空间一定要保持住，不能因为跳音而改变形状。这样才能使声音透明，灵活，轻巧，统一。

(11) `1 2 3 4 5 -ⅴ | 5 6 7 i 2 -ⅴ | 2 i 7 6 5 -ⅴ |`
      mi   ya   mi   ya   mi   ya

`5 4 3 2 1 - ‖`
 mi   ya

唱连音时，要求气息均匀，有支持点，自然而深沉，声音连贯圆润，即从一个音到另一个音，要像串珍珠一样衔接得连贯、自然，没有痕迹。圆润的连音就像所有的音都在同一个水平面上均匀地流出一样，非常流畅平稳。所以唱连音时一定要注意喉头的稳定，保证声音上下统一，位置不变。连音的练习还可以采取一些大家所熟悉的歌曲旋律进行练习，加强歌唱性和音乐性，易收到事半功倍的效果。

以上每条练习都要一口气唱完，不能停顿换气。

通过训练，解决发声中存在的技术问题，克服发声的各类毛病，提高歌唱的能力和水平，以更好地表达作品的思想内容。

五、练声注意事项

（1）要注意保护好自己的嗓子，适当地练唱。发声练习的时间，初学时 20 分钟一次为宜，以后逐渐地加至半小时或一小时。坚持每天练习最重要，绝对避免用全音量来练习。大声地乱唱，容易使歌唱器官受损。

（2）在没有能力唱高音之前，切勿作高音练习，经常唱一组你最满意的音，选择曲目更要谨慎，不要唱不适合自己的曲目。

（3）每次练习应有新鲜感，精神集中、感兴趣地练习。

（4）要多用慢的、短的乐句作为最初的练习。

声乐训练特别需要时间，奇迹是没有的。卡鲁索说过："百分之十的智慧，百分之九十的努力。"

歌 唱 篇

- ❏ 电影金曲
- ❏ 校园歌曲
- ❏ 流行歌曲
- ❏ 民间歌曲
- ❏ 艺术歌曲
- ❏ 歌剧中的歌曲
- ❏ 儿童歌曲
- ❏ 体育歌曲

第六章 电 影 金 曲

一、简介

电影是梦想的艺术,电影歌曲则为梦想插上了翅膀。

坐在银幕前,看着男女主人公演绎荡气回肠的爱情故事,倾听恋人们缠绵的私语,为他们的幸福而欢笑,为他们的痛苦而哭泣——当罗密欧拔出剑刺向胸口,每一个人都忍不住惊呼"不要!";当朱丽叶痛苦地倒在爱人的身旁,每一个人都为之心碎!

为什么人们愿意坐在黑暗的电影院里,花上一两个小时来观看一场和自己毫无关系的故事,并为他们牵肠挂肚?因为平凡的生活需要梦想的刺激,电影就是我们平凡人的神话。在看电影时,少女以为自己就是美丽的朱丽叶,小伙子则以为自己是勇敢的罗密欧,男人们想象着自己是无往不胜的詹姆士·邦德,女人们则幻想着能被王子从乏味的生活中拯救。

电影和歌曲都满足了人们内心的渴望,所以不论是从艺术上,还是从商业上,二者都必将结合起来。事实上,从有声电影诞生以来,歌曲就成为它必不可少的一部分。发展到今天,几乎每一部畅销的电影都有一首成功的插曲,而世界上的每一个电影节也都少不了一个重要的奖项——最佳电影歌曲奖。

电影中的插曲多用来表现影片的主题——或者表现人物,或者升华情感,或者烘托气氛。许多歌曲因为影片而走红,也有许多影片相得益彰。电影 *Casablanca* 和插曲 *As Time Goes By* 就是一个最完美的例证——当旧日熟悉的歌声再次响起,感人的歌词,优美的旋律,动人的演唱和片中的气氛融为一体,为影剧片起到了画龙点睛的作用。

好的歌曲,不仅可以为电影锦上添花,更具有自己独特的魅力,甚至获得比影片更长久的生命力。

说到电影和电影歌曲,一定少不了奥斯卡奖,因为本书所精选的电影插曲几乎每一首都获得过奥斯卡最佳电影歌曲奖,而很多电影也同时获得了包括最佳电影、最佳男女主角等在内的多项奥斯卡大奖。奥斯卡奖实际上是由美国电影艺术科学院(Academy of Motion Picture Arts and Sciences)自 1927 年开始颁发的学院奖(Academy Awards)。1931 年,此奖项开始为获奖者颁发一座 13.5 英寸高的金像。因为有一位委员会成员觉得这个金像很像他的叔叔奥斯卡，所以大家就戏称此奖为奥斯卡奖，没想到这个昵称最终比它的本名更为人所知。好莱坞电影在世界各地的巨大成功，使得奥斯卡奖从一个地区性的奖项一跃成为世界上最知名的电影奖。每年春天，全世界大约共有 100 个国家超过 10 亿的观众通过电视观看奥斯卡现场颁奖典礼。

二、歌曲精选

（一）中国部分

1.《花儿为什么这样红》

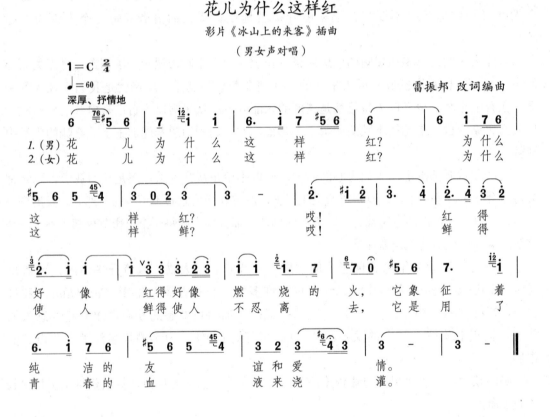

歌曲简介：

《花儿为什么这样红》是长春电影制片厂 1963 年摄制的电影《冰山上的来客》中的著名插曲。这首歌曲随着电影的放映，一炮而红，成为人们耳熟能详的电影名曲。

作曲家雷振邦先生的电影音乐常以民间音乐素材构成音乐主题，也有根据民歌改编发展的，所以具有浓郁的民族风格和地区特色。《花儿为什么这样红》本来是一首古老的塔吉克民歌，后来由雷振邦先生改编成电影《冰山上的来客》插曲。插曲表现的是电影故事中，一名驻守新疆唐古拉山的解放军边防战士，同当地一名美丽的姑娘的一段爱情故事。主要参考了一首古老的塔吉克族民间歌曲《古力碧塔》。《古力碧塔》讲述的是一名为商人赶脚的塔吉克青年，爱上了喀布尔城的一位公主，但遭到了反对，青年只能顺着古丝绸之路流浪，把优美凄凉的歌声传遍了所有他路经的地方，最后传回到帕米尔高原他的故乡。

2.《敖包相会》

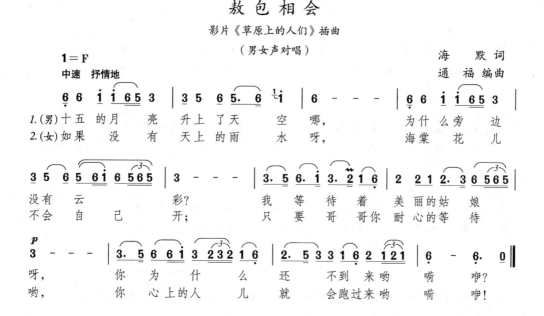

歌曲简介：

1952 年，根据蒙古族作家玛拉沁夫的短篇小说《科尔沁草原的人们》改编的电影剧本《草原上的人们》，在长春电影制片厂开拍，而歌曲《敖包相会》就是此片中的一首插曲。据影片编剧之一的玛拉沁夫介绍，他将《敖包相会》的歌词写好后，交给了另一位编剧海默修饰润色，两人几经切磋后，又拿给影片作曲——著名的达斡尔族作曲家通福看。随后，通福来到了他的故乡呼伦贝尔大草原，根据海拉尔河畔的一首古老的情歌创作而成。1953 年，电影《草原上的人们》上映，《敖包相会》也随之飘向了祖国的五湖四海。

3.《雁南飞》

雁 南 飞
影片《归心似箭》插曲

李 俊 词
李伟才 曲

1=♭E 2/4
慢板 深情地

（乐谱略）

雁南飞，雁南飞，雁叫声声心欲碎，不等今日去，已盼春来归，已盼春来归。今日去，原为春来归，盼归莫把心揉碎，莫把心揉碎，且等春来归。且等春来归。

歌曲简介：
该曲是电影《归心似箭》的插曲，旋律深情、柔美，表达了主人公盼望东北抗联的战士早日回归的急切心情。

演唱提示：
歌曲由弱起节奏开始，演唱时应从容、亲切、松弛。气息深，控制平稳，将声音缓缓推出。声音力度控制得当,唱出内心的喜悦。

4.《敢问路在何方》

敢问路在何方
电视连续剧《西游记》主题歌

阎 肃 词
许镜清 曲

```
1=G 4/4
中速稍快

6 1 6 3. 2 | 2 1. 1 - | 7 6 7 2. 3 | 1 6. 6 - | 3 - 6. 3 |
1.你  挑 着 担,    我 牵 着 马,    迎    来
2.你  挑 着 担,    我 牵 着 马,    翻    山

6 5 4 3 - | 1. 2 3 4 3 | 2 - - | 6 3 2 3 6 | 1 - - 3 |
日  出    送 走 晚 霞。    踏 平 坎 坷
涉  水    两 肩 霜 花。    风 云 雷 电

2 7 0 3 2 6 1 2 | 3 - - | 3 - 6. 3 | 6 5 4 3 - | 5 2 0 4 3 2 1 |
成   大   道,    斗   罢   艰 险    又   出
任   吱   咤,    一   路   豪 歌    向   天

2 - - 3 | 2 7 0 3 7 6 5 | 6 - - 3 | 5 - - 3 5 | 6. 1 7 6 5 |
发    又 出    发。    啦 啦   啦啦 啦  啦啦啦啦
涯    向 天    涯。

6 - - - | 1 - 7. 6 | 6 5 - 5 6 | 3 - - - | 1 - 7. 6 | 6 5 - 5 6 |
啦    一 番 番 春 秋 冬 夏,    一 场 场 酸 甜 苦

3 - - - | 5 6 1 3. 1 | 3 2 - - | 3 5 - 3 | 2 7 0 3 7 6 5 | 6. - - |
辣,    敢 问 路 在 何 方?    路 在 脚   下。

渐慢
5 6 1 3. 1 | 3 2 - - | 3 5 - 3 | 7. 1 7 6 5 | 6 - - - | 6 - - 0 ‖
敢 问 路 在 何 方?    路 在 脚   下。
```

歌曲简介:

  《敢问路在何方》是电视连续剧《西游记》的主题歌,创作于 1984 年 1 月,由国家一级作曲家许镜清作曲,词作者是著名剧作家、词作家阎肃。《西游记》的这首主题歌应该说是既大气又有民族韵味,词曲结合相得益彰,尽管已是多年前的作品,今天听起来依然感人,依然很有生气,尤其是蒋大为的演唱,把这首歌发挥得淋漓尽致,称得上是最佳演唱版本了。音乐昂扬向上,主要表现了唐僧师徒四人赴西天取经,不畏艰险,踏平坎坷,战胜妖

魔，最终修成正果。

演唱提示：

歌曲为二段式结构，曲调悠扬而富有激情地表现了一种无所畏惧的人生态度。演唱时以饱满的情绪、结实的声音深情地演唱，体现出不畏艰险、勇往直前的大无畏精神。

5.《我爱你中国》

我爱你，中国

故事片《海外赤子》插曲

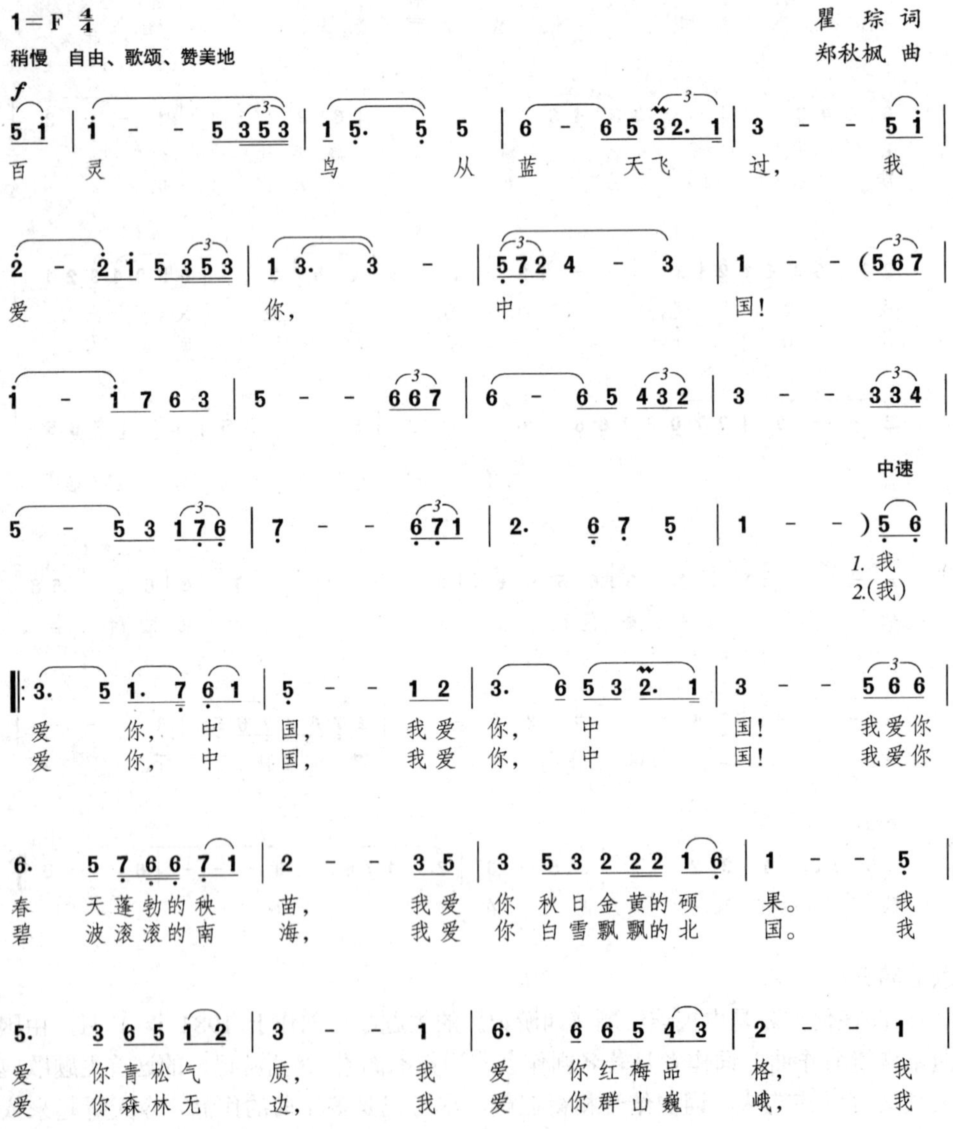

歌曲简介：

这首歌抒发了海外侨胞不忘故土，热爱祖国的赤子之情。歌词情深意切，曲调优美流畅，是女高音喜爱演唱曲目之一。

歌曲的感情热烈，抒发了对祖国的赞美和爱恋。全曲分三个部分，第一部分为引子式乐段，节奏自由、流畅，旋律清新迷人，表达了美好的意境。第二部分用连绵起伏的旋律表达对祖国热爱的激昂情绪。第三部分节奏悠长，曲调起伏迂回，表达歌颂和赞美祖国的情绪。

演唱提示：

歌曲的第一段是引子，速度比较自由，音乐在十二度的音区内上下盘旋，大起大落，使人仿佛感到海外赤子热爱中华的一颗激荡之心，具有强烈的感染力。要用海阔天空、拥抱祖国的气势来演唱，声音舒展、激越、嘹亮，唱出对祖国衷心赞美。第一句"我爱你中国"要用崇敬、虔诚、情愿献出一切的情感来演唱。

第二段是对祖国的赞美。歌曲以大段的抒情从各个角度表达了对祖国的热爱。演唱时要分出层次，控制强弱，注意吐字的真切、深情，一字一音清晰有力。"好像乳汁滋润着我的心窝"，"我"字上的高音可深情地弱唱，以抒发内心的情感。

最后一段是高潮，旋律起伏较大，"啊"的旋律要饱含着对祖国说不尽的爱，要唱得热情、激昂、奔放。最后一句"我的母亲"要唱得深情，"我的祖国"要显得庄重、深沉、音量放开、强收，允分展现出海外赤子对祖国的炽热的感情。

6.《迎宾曲》

迎宾曲
故事影片《客从何来》主题歌

1=D 2/4

稍快 喜悦地、广东音乐风格

刘文玉 词
雷雨声 曲

(乐谱略)

歌曲简介:

1980年,长影新片《客从何来》要创作主题歌,这部影片是反映广交会的。当时广州鲜花如海,外国友人与国内宾朋相聚一堂,那种改革初年的新奇与激动令人有着无比强烈的创作冲动。作曲家雷雨声应邀为影片《客从何来》配乐。作曲家在保留广东音乐韵味的基础上,适当增添美国、东南亚等国外音乐的元素。诗人、剧作家刘文玉作词,像"以诚相待"这样的提法,在当时是很少有的。1980年的春晚,李谷一演唱了这首歌曲,一下子红遍全国。

三十年来,这首《迎宾曲》依然脍炙人口。

2008年8月8日,国家主席胡锦涛和夫人刘永清为出席北京奥运会的各国嘉宾、政要举行欢迎国宴时，就是在《迎宾曲》欢快、喜庆的背景音乐声中开始的。

2009年10月1日上午，新中国成立60周年大庆，在首都阅兵和群众游行活动中，首次出现外国友人方队，其中，这首人们耳熟能详的《迎宾曲》被更名为《友谊金桥架五洲》，在外国友人的队伍行进时奏响。

2010年广州亚运会，《迎宾曲》又再次以各种演奏或演唱形式出现在各种庆典的活动中，让全世界的友人都感受到中国人的热情相待！

作曲家简介：

雷雨声，国家一级作曲家、教授、中国音乐家协会理事、音教委理事；1956年毕业于沈阳音乐学院作曲系研究生班；1984—1988年任辽宁歌剧院副院长兼辽宁乐团团长；1988—1994年任华南师范大学音乐系主任、教授。曾任辽宁省第五、六届人大代表；中国音乐家协会广东分会第四届副主席。现任广东省音乐教研会会长，广东省教育学会音乐专业委员会理事长。

主要作品有：高胡、古筝三重奏《春天来了》，获"第六届世界青年联欢节"金质奖；创作有《情人》、《琼花》等10余部歌剧；《光荣啊！中国共青团》（定为团歌）、《迎宾曲》等多首歌曲获国家级或省级奖；电影、电视剧音乐有《李冰》、《客从何来》、《少帅春秋》等20多部；出版有《雷雨声作品选》等。他的作品具有浓郁的民族风格。此外，还主编并执笔编写沿海地区版中小学音乐教材一套，获广东省"教育创新成果"一等奖。

7.《祖国之爱》

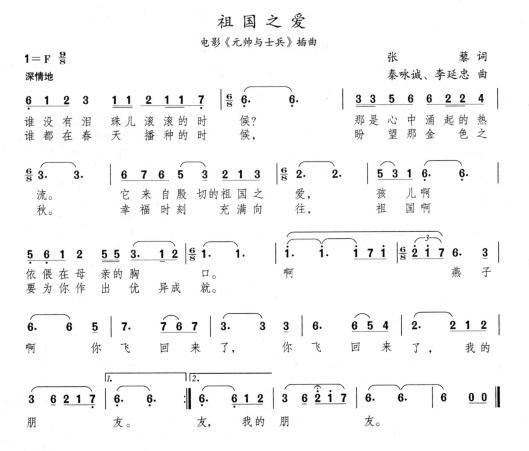

歌曲简介：

中华儿女谁不热爱生他养他的祖国？在《祖国之爱》这首歌中，作曲家让你感到的是身处海外的华夏学子，是怎样心贴社会主义祖国，并愿为它的四个现代化而贡献自己的力量的。虽然此曲自始至终都是以第一人称和单个人的口吻唱出的，但实际上是许许多多人的典型心态的概括和缩影。

演唱提示：

歌曲起于一复节拍（6/8、9/8）的取材于 B 段的钢琴引子，以后这种颇具跃动感的拍子便贯穿了全曲。A 段，亦即人声起唱部分的旋律音区不高，便于深情而自然地倾吐。接着有两次向上的伸展及最后向中、低声区的回落。B 段的第一音以向上的八度大跳直进而出，虽只是一个"啊"字，却是百感交集，千言万语中情感内涵的聚焦，而歌唱者在这里也正可以有所发挥。B 段抒发的情感内容较集中，歌唱者的身份似也从"我"脱出来而转向更庞大的人群，"燕子啊，你飞回来了，我的朋友"就像旁白或戏曲中点题的帮腔合唱一样，它表达的是一种欢欣之情。第一遍的结束是在意犹未尽中"淡出"的，第二遍则通过旋律的翻高、最后一音的拖长等为全曲画上了完满的终止号。

（二）外国部分

1、《我心永恒》

My Heart Will Go On

我 心 永 恒

美国电影《泰坦尼克号》插曲

〔美〕韦尔·杰宁斯 词
〔美〕杰姆斯·奥纳 曲
薛　范 译配

1=E 4/4
中快板

|: 1. 1 1 1 | 7 1 — 1 | 7 1 — 2 |

1. Ev - 'ry night in my dreams I see you, I
每 夜 我 总 梦 见 你 来 到 我
2. Love can touch us one time and last for a
我 俩 一 朝 相 恋 就 终 生 相

3 — 2 — | 1. 1 1 1 | 7 1 — 1 |

feel you, that is how I know you go
身 旁， 依 旧 如 同 往 常 一
1 1 — 1 | 7 1. 1
life time, and nev - er let go till we're
依 傍， 白 头 到 老 啊 情 意

歌 唱 篇   51

```
5̣ - - - | (4̣ 5̣ 6̣ 1 4 5 6 7) | 1̇ . 1̇ 1̇ . 1̇ |
on.                              Far  a-cross the
样。                              尽   管  你   我
                                 Love was when  I
                                 回   想  当   时

7̣ 1 - 1 | 7̣ 1 - 2 | 3 - 2 - |
dis-tance  and  spac-es  be-tween  us
中  间   相   隔  宇  宙   渺   茫,
loved you,  one  true time  I  hold  to.
甜  蜜,   每  一   刻  都  难   忘。

1̇ . 1̇ 1̇ 1̇ | 7̣ 1 - 1 | 5̣ - - - | (4̣ 1 4̣ 1 6 7) |
you have come to show you  go  on.
你  仍  向  我  叙  说  梦  想。
In  my  life we'll al-ways go on.
相  约  终  生  一  路  同  往。
```

mf
```
1 - - - | 2 - 5̣ | 5 - 4 3 | 2 - 3 4 |
Near,      far.   wher-ev-er you are,  I  be-
无        论   你  身  在 何 方,  我  相

3 - 2 1 | 7̣ 1 - 7̣ | 6̣ - - 6̣ 7 6̣ | 5̣ - 4 - |
lieve that the heart does go  on.
信   心  儿  永  远   昂   扬。

1 - - - | 2 - 5̣ | 5 - 4 3 2 | 2 - 3 4 |
Once      more,  you o-pen the door  and you're
盼        你  再  叩  我  心  房,   只要有

3 - 2 1 | 7̣ 1 - 7̣ | 7̣ 1 - 2 | 3 - 2 - |
here in my  heart and  my  heart will go  on  and
你  在  我  信  上,  我  的 心 啊 永  远  昂
```

转 1 = ♭A (前3 = 后1)
f

```
|1.        |2.
1 - - 0 :|| 1 - - - | 1 - - - | 1 - - - |
on.         on.                You're
扬。        扬。  你               你

2 - - 5̣ | 5 - 4 3 | 2 - 3 4 | 3 - 2 1 |
here there's noth-ing I fear and I know that my
在,  我就 不  会  恐  慌, 我  的 心 永  远
```

```
 7  1  - 7 | 6̣ -  6̇7̇6̇ | 5̣ - 4 - | 1 - -  |
heart will  go   on.                we'll

 2  -  5̇ 5 | 5  4  3  | 2 - 3  4 | 3 - 2 1 |
stay    for-ev   -er this way.  You are  safe in  my

 7̣ 1 - 7̣ | 7̣ 1 - 2 | 3  2 -  | 1 - -  ‖
heart, and  my  heart will  go  on  and    on.
心 上，我的 心 儿 永 远 昂 扬。
```

歌曲简介：

1912 年，有史以来最大的一艘豪华客轮"泰坦尼克"（Titanic）号从英国港口首航，横渡大西洋。4 月 14 日，客轮触冰山沉没，船上 1517 名游客遇难，获救者仅 712 人。这一题材，至少已被 9 次搬上银幕。1997 年，美国又再次耗巨资拍摄了这一题材的故事片。影片以沉船事件为背景，铺演了一个缠绵悱恻的爱情故事：1996 年，这艘已沉没了 84 年的巨轮中的一些物品被打捞了上来。这条新闻引起了侨居美国的一位年过百岁的老妇人的注意，她名叫露丝，当年她正在这艘船上，与一位画家杰克·杜信邂逅相爱，船沉时，他们彼此放弃求生的机会，把生的希望留给对方。最后，露丝获救，杜信被海浪吞没。影片主题歌由加拿大红歌星 Celine Dion（席琳·迪翁）演唱，风靡一时，在热门排行榜的冠军宝座上久居不下。歌曲获 1998 年第 71 届奥斯卡最佳歌曲奖。次年，又获 Grammy 最佳歌曲和最佳唱片奖。

歌曲赏析：

爱情的感觉就像在飞——当露丝在这艘巨轮的船头"飞起来"的一刹那，爱情绽放出了火花。一个英俊潇洒、浪漫多情的穷画家小子，一个年轻漂亮不甘寂寞的女贵族，在这艘注定要走向毁灭的游轮上一见钟情。虽然在这场爱情的悲喜剧中，自由浪漫的气氛和相互拥有的快乐比天长地久要来得更重要，但是面对死亡时的恐惧和瞬间爆发出的勇气将他们紧紧地联系在一起，也造就出了这个永恒的传奇。

虽然很难想象，如果杰克和露丝来到大洋彼岸的美国，他们是否会在一起生活得很快乐，但是爱情迸发出的耀眼光芒，即使只有短短的一瞬，也让人目眩神迷，如痴如醉。漂亮的男女主人公，无与伦比的电脑特技，自由浪漫的爱情故事，神秘无边的海洋，震惊世界的悲剧，人类在大自然面前的渺小和面对死亡时的无助和勇气……所有这一切，使这部有史以来耗资最大的好莱坞电影《泰坦尼克号》迅速征服了全世界的影迷。这首由加拿大著名女歌手席琳·迪翁演唱的 *My Heart Will Go On* 也同样迅速征服了全世界，并获得 1998 年度奥斯卡最佳电影歌曲奖和格莱美最佳电影歌曲奖、最佳流行女声歌曲奖，席琳·迪翁也凭借它荣获年度格莱美最佳流行女歌手奖。

2.《最伟大的爱》

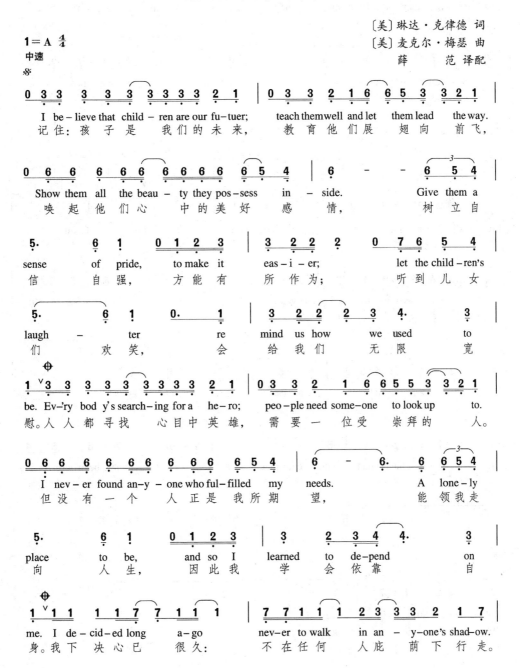

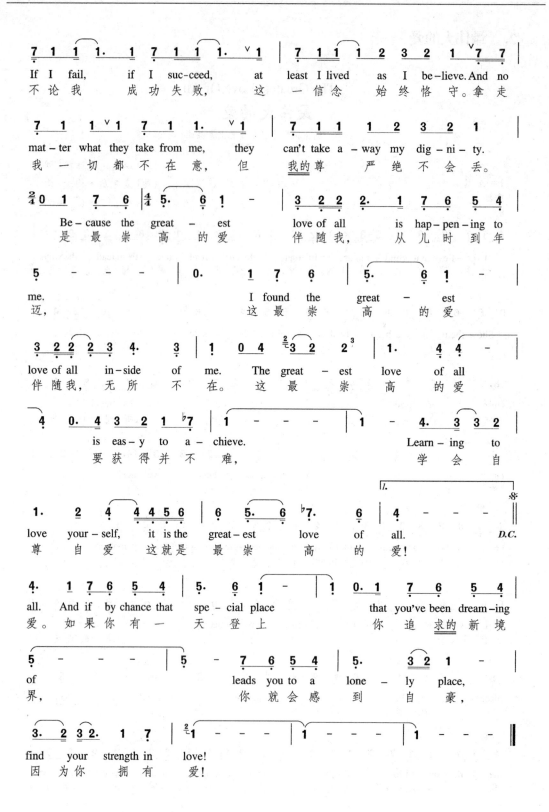

歌曲简介：

这是为拳王穆罕默德·阿里（Muhammad Ali）的自传电影所写的一首歌。歌中唱道，"最伟大的爱，就是自信、自强、爱自己"。对歌星休斯顿来说，它就是人生的信条。也许正是这种对黑人、对自我、对家庭的自豪，才让休斯顿一步一步走向成功。这首歌是为了唤起人类的自信而写的，在 1984 年洛杉矶奥运会开幕式上，休斯顿演唱了这首歌曲。

歌曲的第 1 节写道，"要教育孩子，让他们去发现自己心中最美好的东西，学会自信、自爱"。在后面的几节，休斯顿唱道，"很多人都崇拜偶像，而我却在最伟大的自爱中寻找力量。即使身处孤独，即使遭受失败，只要学会爱自己，就能保存自己的尊严"。

这是一首典型的黑人灵歌风格的歌曲，休斯顿的演唱高亢激昂，充分表现了歌曲中所歌颂的自信自爱，展现了这种最伟大的爱的无穷力量——自尊、自爱，就能自强。

在拳王阿里的职业生涯中，他最有名的，也是他独有的自我夸耀就是 "I'm the greatest"，也许正是依靠这种自信，他 3 次夺得了世界冠军。这种自信不仅仅属于一个拳台上的斗士，也属于每一个自强不息的人。这种自信使阿里成为有史以来最伟大的拳王；这种自信使马丁·路德·金成为民权运动的先驱；这种自信使惠特妮·休斯顿成为最成功的女歌星之一。

希望这种自信能属于每一个民族，能属于每一个人。不论承受孤独，还是遭受挫折，他都能在内心里对自己说，"我是最棒的！"

3.《温柔的爱》

Love Me Tender
温柔的爱

电影《铁血柔情》主题歌　　〔美〕埃尔维斯·普瑞斯雷
　　　　　　　　　　　　　　〔美〕薇拉·麦特森　词曲
　　　　　　　　　　　　　　　　薛　　范　译配

1=G 4/4
中速　真挚地

1. Love me ten-der, love me sweet, nev-er let me go.
   脉脉含情，情意甜，朝夕在身边。
2. Love me ten-der, love me long; take me to your heart.
   脉脉含情，情意长，心中常思念，
3. Love me ten-der, love me dear, tell me you are mine.
   脉脉含情，情意深，你我心相连，

You have made my life com-plete and I love you so.
有了你，生活美满，怎不叫人恋。
For it's there that I be-long and we'll nev-er part.
愿君心如同我心，永远不离散。
I'll be yours through all the years till the end of time.
任度过多少岁月，热情永不变。

```
| 3  3.    | 3  3.    | 3  3  3  0 | 3.   2  1.   2 |
  Love me   ten-der,   love me true,   all  my dreams full-
  真   诚,   温  柔,    爱 着 我,     梦  想  全   如

| 3  -  -  0 | 3  3.   4  3  2 | 2  2  6  2  2  - |
  fill.        For my   dar- ling,   I love you
  愿。         亲 爱 的   人  儿,    我 爱  你,

|1.2.                        |3.
| 1.  7 6 7 | 1  -  -  0 :| 1.  7  3  2 | 1  -  -  0 ||
  and  I al-ways will.         and  I al-ways will.
  相  爱 到 永 远。            相   爱 到  永 远。
```

歌曲赏析：

音乐具有神奇魔幻般的力量，这已为古今中外所接受，文学作品，尤其诗歌作品，不乏此类例证。*Love Me Tender* 这首歌是电影《铁血柔情》（1956）的主题歌，由艾尔维斯·普莱斯利主演和主唱。1980 年的电影《情暖童心》也用这首歌作为插曲，这些都说明了《温柔的爱》的无穷魅力。普莱斯利用这首深沉并充满强烈感情的歌曲不仅感动了电影中的残疾姑娘，给了她生活的勇气和信心，也给观众和听众留下了不可磨灭的印象。

《温柔的爱》共四段歌词，每段的语法结构基本相同。这首歌突出的特点是，每段第一、二行都有一个 love me，四段中每个第一行的 love me 后面都是 tender，之后这四段的每个第二行的 love me 分别用不同的词来描写，它们分别是 sweet, true, long, dear。

第一段歌词讲述了爱与人生的关系，爱使主人公的生活变得充实、圆满。知道了生活从爱中得到欢乐，怎舍得走开？怎不更爱心上人？第二段讲述了爱与理想。由于温柔真诚的爱，主人公一切事情都梦想成真。爱与人生理想之不可分更坚定了主人公的爱心，他不仅要求对方温柔真心地爱他，他也表示将永远地爱她。第三段歌词论及爱的归属问题，恋人的心是所爱之人的家园，恋人们互为对方的世界，心心相印，永不分离。这里要求时间长久，要求心灵合一，要求在空间相聚。第四段是主人公在立誓，表达他永远爱她的决心。

在这首歌的演唱中多次出现了 love me 和 love you 的字眼，实际上不带这些字眼的歌词部分都表达了这种浓情蜜意。四段歌词高度概括了爱应有的基本特征：温柔、甜蜜、真诚、长久和深情。这几种特征缺其一就不能成为真爱。当然，爱还包括其他一些特征，如互相忍让、互相关心、互相理解和互相尊重等。可以说，在某种程度上，《温柔的爱》给爱下了一个定义，爱见于日常生活当中，有时需要誓言，更多时候需要点滴的行动。

这首猫王最为脍炙人口的金曲是一首传统的两段式民谣，分独唱部与和声部，这样的结构在歌中往返了三遍。简单的琴声就是全部的配器，和声响起时音阶在原旋律的基础上明显升高了，更显韵味，而结尾时为了配合整首歌的情感氛围去掉了和声，也恰到好处。而猫王那几乎蕴涵着所有男人优秀品质（成熟、诚实、坚强、强壮，等等）的中音诠释这首多少有些麻飕飕的情歌一点都没有出位感，只有彻底的感动。很多经典歌曲都是非常简单的东西，简单的旋律、简单的节奏、简单的歌词，却又那样一箭中的地直接俘获我们的心灵，这就是所谓的"简单即美"吧。

《温柔的爱》是一首慢节奏的歌曲，歌手充满磁性的嗓音在旋律优美的吉他声中更显魅力，你我也在歌声中找到了爱的真谛！

第七章 校园歌曲

一、简介

校园歌曲就是指反映校园生活，主要表现学生（或教师）的生活、思想、感情，并与教育密切联系，其作品内容和艺术表现形式与不同年龄段学生的特点相适应的歌曲作品。这是歌曲体裁的一种。

"校园歌曲"这个名称于 20 世纪 80 年代初由中国台湾传入中国内地，之后便被人们广泛接受和采用。全国许多音乐报刊纷纷开辟"校园歌曲"专栏，还出现了以刊发中小学、大中专学生演唱的校园歌曲新作品为主的《校园歌声》杂志。1993 年文化部少儿司、国家教委基教司、中央电视台、团中央少年部、全国少儿艺委会还联合发起了"校园歌曲首次征集评奖活动"，获奖入选的 30 首歌曲如《装扮蓝色的地球》（陈镒康词，侯小声曲）、《国旗颂》（佟文西词，龚耀年曲）、《唱不完的欢乐歌》（肖树文词，韩贵森曲）、《老师最理解我》（李严词，傅馨曲）等，至今仍在全国许多学校传唱。

近年来，为了适应新世纪素质教育的需要，让孩子唱自己的歌，让青少年获得健康向上的精神食粮，各种类型的校园歌曲征集活动不断开展，"校园歌曲热"成为改革开放以来我国出现的一种特有的文化现象。

校园歌曲大都生活气息浓、乐句短小、结构方整、易学易唱，合唱独唱均可，不受地域环境条件的限制，适宜人们休息时自娱要求，所以，它们的生命力之旺盛，在社会中拥有的热衷者数量之大，在整个群众性的歌咏活动中，是其他歌唱形式所无法比拟的。

二、歌曲精选

（一）中国部分

1.《童年》

童　年

$1=A$ $\frac{4}{4}$

中速

罗大佑 词曲

歌曲简介：

这首台湾校园歌曲唱出了亿万青少年的心声。对童年时代的一幕幕场景进行了细致入微的刻画。歌曲是一部曲式的分节歌，音乐语言简洁凝练，曾一度在中国内地和港台地区广为传唱。

2.《同桌的你》

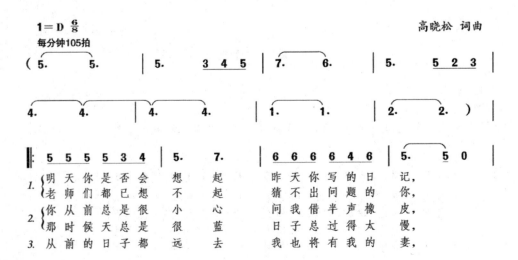

歌曲简介：

20世纪90年代初期，校园里兴起了学生们自编自唱的校园民谣。这些民谣取材于校园生活的各个方面，旋律清新明快。作于1991年的《同桌的你》是当时的代表作之一，作品以吟诵的音调表达了对旧日时光的怀念。

3.《朋友》

朋 友

刘思铭 词
刘志宏 曲

1=G 4/4

2 3 | 1 2 3 1 2 3 | 5 5 6 1 6 1 | 2 2 1 6 6 1 |
这些 年 一个人 风也 过雨也 走，有过 泪有过错 还记

2 3 2 1 2 2 3 2 1 | 1 2 2 3 1 2 3 | 5 5 5 6 1 6 1 |
得坚持什 么， 真爱 过才会 懂，会寂 寞会回 首，终有

2 2 1 6 6 5 6 | 6 1. 0 3 5 ‖: 5 5 5 6 5 5 6 7 | 1 6 6 5 3 3 3 2 1 |
梦 终有梦在心   中。   朋友 一生一起 走，哪些 日子不再 有一句
                      不曾孤单 过，一声 朋友你会 懂还有

1.   2.
1 1 6 5 5 3 2 1 | 1 1 6 2 2 3 3 5 :‖ 1 6 6 1 1 1.
话 一辈子，一生   情 一杯 酒朋友   走 还有 我。
你 还有 痛，还要

结束句
0 3 2 1 | 1 1 6 5 5 3 2 1 | 1 - - 6 6 1 | 1 1 1 - - ‖
一 句   话 一辈子，一生 情   一杯   酒。

歌曲简介：

这首《朋友》旋律清新、明快，歌词朴实无华，平淡中见真情。是朋友间那种平平淡淡才是真的友谊的写照。

4.《奉献》

奉 献

杨立德 词
翁孝良 曲

1=C 4/4
每分钟63拍

(1 3 2. 1 7 | 6 1 7. 6 5 | 4 6 5 1 3 | 4 3 2 1 2 - | 1 3 2. 1 7 |

6 1 7. 6 5 | 4 6 5 7 2 | 1 - - -) ‖: 3 5. ⁽³⁾5 5 5 3 2 5. 0 |
                                       长路 奉献给远方，
                                       白鸽 奉献给蓝天，

歌唱篇

`1 33 3 1 7 3  0 5 | 6 1 1 1 1. 6 5  1 1 3 2 | 2 2. 0 0 | 3 5 5 5 3 2 5 0 |`
玫瑰奉献给爱情，我 拿什么奉献给你我的爱　　人。　　白云奉献给草场，
星光奉献给长夜，我 拿什么奉献给你我的小　　孩。　　雨季奉献给大地，

`1 33 3 1 7 3  0 5 | 6 1 1 1 1 6 5  7 7 2 1 | 1 1.  1 - | (0 3 5 i) 0 5 |`
江河奉献给海洋，我 拿什么奉献给你 我的朋　　友。　　　　　　　　我
岁月奉献给季节，我 拿什么奉献给你 我的爹　　娘。

`6 1 i i 1 6 5. 0 #5 | #5 5 5 5 0 3 6 6 7 i | i 7 i 2 - 2 7 6 | 5 0 0 0 :||`
拿什么奉献给你， 我 不停地问，我不停要找，不停地想。

|2.
`(i 3 2 i 7 | 6 i 7 6 5 | 4 6 5 i 3 | 4 3 2 i 2 - |`

`i 3 2 i 7 | 6 i 7 6 5 | 4 6 5 7 2 | i - - i) 0 5 |`
　　　　　　　　　　　　　　　　　　　　　　　　　　我

`6 1 i i 1 6 5. 0 #5 | #5 5 5 5 0 3 6 6 7 i | i 7 i 2 - 2 7 6 | 5 0 0 0 |`
拿什么奉献给你， 我 不停地问，我不停地找，不停地想。

`3 5 5 5 3 2 5 0 | 1 33 3 1 7 3  0 5 | 6 1 1 1 1 6 5  1 1 3 2 | 2 2. 0 0 |`
长路奉献给远方，玫瑰奉献给爱情，我 拿什么奉献给你 我的爱　　人。

`3 5 5 5 3 2 5 0 | 1 33 3 1 7 3  0 5 | 6 1 1 1 1 6 5  7 7 2 1 | 1 1.1 - |`
白云奉献给草场，江河奉献给海洋，我 拿什么奉献给你 我的朋　　友。

转♭D调（前4=后3）
`3 5 5 3 2 5 0 | 6 5̇ 6. 6 6 1 3 2̇ 3  0 5 | 6 1 1 1 1 6 5  1 1 3 2 | 2 2. 0 0 |`
白鸽奉献给蓝天，星光 奉献给长夜，我 拿什么奉献给你 我的小　　孩。

`3 5 5 5 3 2 5 0 | 1 1. 1 6 3 5 6 5  0 5 | 6 1 1 1 1 6 5  7 7 2 1 | 1 1. 1 - |`
雨季奉献给大地，岁月 奉献给季节，我 拿什么奉献给你 我的爹　　娘

转D调（前4=后3）

‖: 3 5̣ 5̣ 5̣ 3 2 5̣ 0 | 1 3 3̣ 3̣ 1̇ 7̣ 3 0 | 6̣ 1 1̣ 6̣ 5̣ 1 1 3 2 | 2 2. 0 0 |
啦……　　　　　啦……　　　　　啦……

3 5̣ 5̣ 5̣ 3 2 5̣ 0 | 1 3 3̣ 3̣ 1̇ 7̣ 3 0 | 6̣ 1 1̣ 6̣ 5̣ | 7̣ 7̣ 2 1 | 1 1. 1 - :‖
啦……　　　　　啦……　　　　　啦……　（反复时渐弱隐去）

歌曲简介：

苏芮是中国内地听众比较熟悉的台湾歌星，她的这首《奉献》流传面比较广，歌唱了奉献精神，表达了对爱人、朋友、小孩的深深的爱意。

5.《踏浪》

踏　浪

庄　奴词
古　月曲

1=A 4/4

(6 6 7 1̇ 7 6 3 | 6 6 7 1̇ 7 6 - | 6 6 7 1̇ 7 6 3 | 6 6 7 1̇ 7 6 -)

‖: 6̣ 6̣ 1 2 3 4 3 2 | 6̣ 6̣ 1 2 3 4 3 - | 6̣ 6̣ 1 2 3 4 3 2 | 3 1 2 1 7̣ 6̣ - |
小小的一片　云呀，慢慢地走过　来，　请你么歇歇　脚呀　暂时　停下来，
小小的一阵　风呀，慢慢地走过　来，　请你么歇歇　脚呀　暂时　停下来，

6 3 3 6 3 3 6 | 3 5 6 | 5 3 2 1 5 3 - | 6̣ 6̣ 1 2 3 4 3 2 | 3 1 2 1 7̣ 6̣ - :‖
山上的山花儿开　呀，　　我才到山上来，　原来么你也是上　山　看那　山花开。
海上的浪花儿开　呀，　　我才到海边来，　原来么你也爱浪　花　才到　海边来。

6 6 7 1̇ 7 6 3 | 6 6 7 1̇ 7 6 - | 6 6 7 1̇ 7 6 3 | 6 6 7 1̇ 7 6 - ‖
啦啦啦啦啦啦　啦　　啦啦啦啦啦啦　啦　　啦啦啦啦啦啦　啦　　啦啦啦啦啦

(6 6 7 1̇ 7 6 7 5 | 4 2 4 6 5 4 3 - | 6 6 7 1̇ 7 6 7 5 | 4 2 4 6 5 7 6 -) :‖

歌曲简介：

歌曲朗朗上口，律动感强，更主要的是能唤起许多美好的回忆。

6.《我的中国心》

我的中国心

黄霑 词
王福龄 曲

1=♭E 4/4

(3 - 6 - | 1̇ 7 6 3 1̇ | 6 - - - | 6 - - - | 3 - 3 - |

2̇ 3 2 1 7 | 6 - - - | 6 - - -) | 6̣· 3 2 3 1 7̣ | 6̣ - - 0 |
　　　　　　　　　　　　　　　　　　　　河 山 只在我梦 萦，

3 6 5 3 2 1 2 | 3 - - 3 5 | 6· 7 6 5 3 2 | 1 1 2 3 - |
祖国 已多年未亲 近，　　　可是 不管怎样也改 变不 了

2· 3 7̣ 6̣ 5̣ | 6̣ - - 0 | 6̣· 3 2 3 1 7̣ | 6̣ - - - |
我 的 中 国 心。　　　　　洋 装 虽然穿在 身，

3 6 5 3 2 1 2 | 3 - - 3 5 | 6· 7 6 5 3 2 | 1 1 2 3 - |
我心 依然是中国 心。　　我的 祖先早已把 我的 一切

2· 3 7̣ 6̣ 5̣ | 6̣ - - 0 3 ‖: 5· 3 3 0 3 | 1̇· 6 6 6 1̇ |
烙 上 中 国 印。　　　　　　长 江、长 城、黄 山、黄河，在我

6 5 1̇ 2 1 2 | 3 - - 0 3 | 1̇· 6 6 6 | 1̇· 2̇ 3 - |
心 中 重 千　　斤，　　　不 论 何时， 不 论 何地

3 3 2 7· 5 | 6 - - 0 | 6̣· 3 2 3 1 7̣ | 6̣ - - 0 |
心 中 一 样 亲。　　　流 在 心 里的 血，

3 6 5 3 2 1 2 | 3 - - 3 5 | 6· 7 6 5 3 2 | 1 1 2 3 - |
澎湃 着中华的声 音，　　就算 生在他乡也改 变不 了

|I.
2· 3 7̣ 6̣ 5̣ | 6 - - (0 3̂5̂6̂ | 1̇· 7 7 6 | 6· 3 3 - | 6̣· 4 4 3 | 2 - - 0 2̂3̂5̂7̂ |
我 的 中 国 心。

7· 6̣ 6̣ 5̣ | 5· 2̣ 2̣ - | 0 3 1 2 3· 7̣ | 6̣ - -) 0 3 :‖
|II.
6 - - - | 6 - - 0 ‖
长　心。

歌曲简介：

1982年张明敏首唱《我的中国心》引起香港同胞强烈的共鸣。1984年的春节联欢晚会上他又演唱了这首歌曲，博得了中国内地广大听众的深深喜爱。张明敏的《我的中国心》个人专辑也是港台歌星在中国内地发行的首张专辑。歌曲淋漓尽致地表现了海外同胞的赤子之情。

7.《龙的传人》

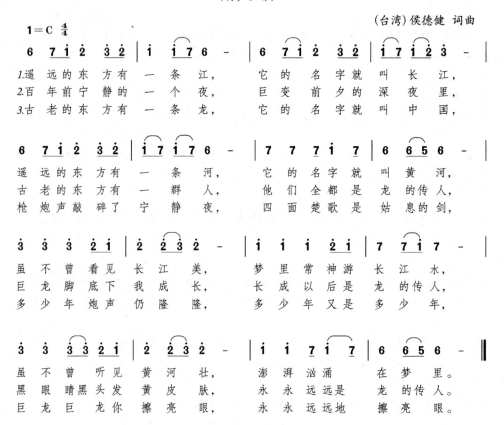

歌曲简介：

30多年前，中国台湾发起了"唱自己的歌"的校园民歌运动，当时这项运动的代表性人物侯德健写下的《龙的传人》，李建复唱这首歌的唱片还没出就已经进了排行榜前20名，后来轰动全中国，成为歌曲跟大时代互相结合最淋漓尽致的例子。这项运动直接催生了华语流行歌曲的繁荣，至今经久不息。当然也将台湾校园民歌的创作手法和理念带到了中国内地，同时也在中国内地掀起了"西北风"的歌潮。

8.《金梭和银梭》

金梭和银梭
（女声独唱）

李幼容 词
金凤浩 曲

1=G 2/4
中速 热情地

(6 1 ‖: 3 3.2 | 35 43 | 44 20 | 2.#1 2.1 | 24 3 | 32 17 1 |

6 - | 6 -) | 3 31 | 66 06 | 444 | 2.0 | 1.7 12 |
　　　　　　　1.2.太阳、太阳　像一把金梭，月亮，

4 3 03 | 3 7 7 | 7.0 1 71 | 6.06 | 6 3 | 2.2 |
月亮　像一把银梭，交给你也交给我，看

1.7 12 | 43 3 | 2 17 | 6 - | 3.1 | 7 - | 3.7 |
谁织出最美的生活。啊，　　　啊，

6 - | 2.6 | 5 12 | 3 - | 3 - | 65 #4 | 50 50 |
啊！　　　　　　　　　　　　　　　{金梭和银梭，
　　　　　　　　　　　　　　　　　 金梭和银梭，

66 5 #4 | 5 - | 65 #4 | 5 56 | 6244 | 3 - | 3.1 |
日夜在穿梭，　时光如流水，督促你和我，　年轻
匆匆眼前过，　光阴快似箭，提醒你和我，　年轻

6 - | 63 | 2 - | 1.7 12 | 343 | 3 #5 | 7 | 6 61 |
人，别消磨，珍惜今天好日月，好日月。}哎哎
人，快发奋，黄金时代莫错过，莫错过。

3 3.2 | 35 43 | 44 20 | 2.#1 2.1 | 24 3 | 32 17 1 | 6 - |
哎哎哎 哎哎哎 哎哎哎，哎哎哎哎 哎哎哎 哎哎哎哎哎！

6 (6 1 ‖: 6 -) 3.1 | 7 - | 3.7 | 6 - | 2.2 |
哎！

1 76 | 3.34 | 32 17) | 3 31 | 66 06 | 444 | 2.0 |
　　　　　　　　　太阳、太阳　像一把金梭，

歌曲简介：

这是一首 20 世纪 80 年代初广泛传唱的劝勉人们珍惜时光的抒情歌曲。《金梭和银梭》在诗情画意之中，包含了催人奋进的力量。庸庸碌碌的人总是无聊，而胸怀理想的人总是说时间不够用。当你想懈怠的时候，听一听这首歌，就会立刻迸发出十足的干劲，继续前进。

9.《教师颂》

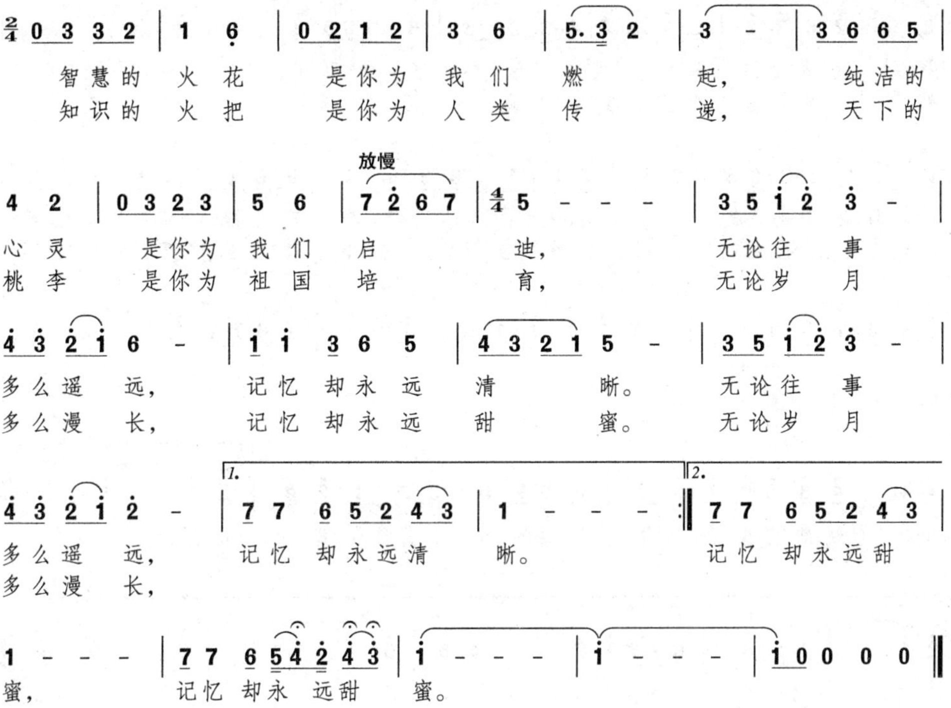
智慧的 火花 是你为 我们 燃 起， 纯洁的
知识的 火把 是你为 人类 传 递， 天下的
放慢
心灵 是你为 我们 启 迪， 无论往 事
桃李 是你为 祖国 培 育， 无论岁 月
多么遥 远， 记忆 却永 远 清 晰。 无论往 事
多么漫 长， 记忆 却永 远 甜 蜜。 无论岁 月
多么遥 远， 记忆 却永远清 晰。 记忆 却永远甜
多么漫 长，
蜜， 记忆 却永 远甜 蜜。

歌曲简介：

《教师颂》唱出了教师对祖国教育事业的无限忠诚，对躬身耕耘着的这片教育热土的无限热爱。

10.《老师，我总是想着你》

老师，我总是想着你

常春城 词
尚德义 曲

1＝D $\frac{4}{4}$

Moderato 中速

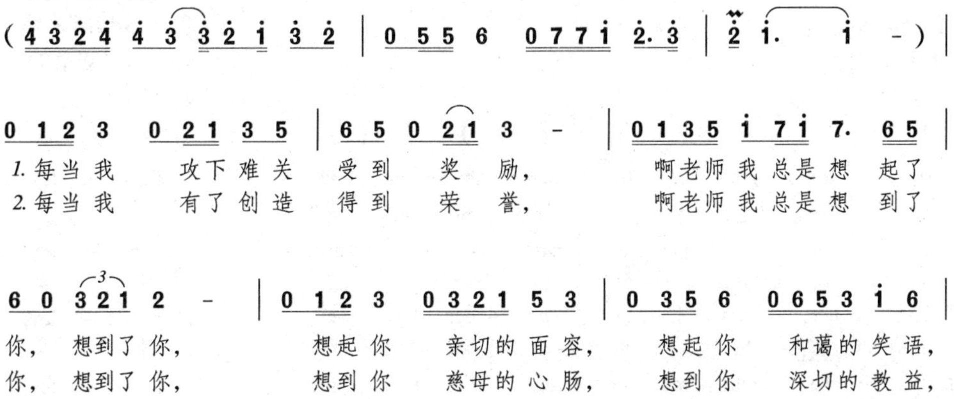
1. 每当我 攻下难关 受到 奖 励， 啊老师我总是想 起了
2. 每当我 有了创造 得到 荣 誉， 啊老师我总是想 到了
你， 想到了 你， 想起你 亲切的面 容， 想起你 和蔼的笑 语，
你， 想到了 你， 想到你 慈母的心 肠， 想到你 深切的教 益，

```
| 2 - 2 5 3.2 | 2̇1̇ 0 3 4.3 2 1 6 | 6 7̇6̇5̇2̇ - | 2̇ - 1̇ - |
```
啊，　　从心里　默默 地向你致　　意，向你致 意。　　　啊，
啊，　　从心里　默默 地向你敬　　礼，向你敬 礼。　　　啊，

```
| 1̇ 1̇ 1̇ 2̇ 3̇2̇3̇ 3̇2̇1̇ | 7 7 7 1̇ 7 6 3.5 | 6.6̇ 6 7 1̇ 7 0 5 6 3 |
```
亲爱的老师我怎能　忘记 你,我怎能 忘记你,小 苗儿结出硕果 怎能忘
亲爱的老师我怎能　忘记 你,我怎能 忘记你,小 花儿吐出芬芳 怎能忘

```
| 3 3 2 1 5 3.5 | 1̇ 1̇ 1̇ 1̇ 2̇ 4 3 4 3 4 3 2 | 6 6 7 1̇ 7 6 2.6 |
```
春风　春雨,　啊 亲爱的老师我怎能　忘记 你,我怎能 忘记你,你
园丁的培 育,

```
| 4 4. 4 3 3 2 1 3 2 | 0 5 5 6 0 7 7 1̇ 2.3 | 2̇ 1̇. 1̇ - |  1.
```
时时　刻刻常在我心里，　常在我　你常在我　心里。

```
| 2̇ 1̇. 1̇ 5 5 6 | 0 7 7 1̇ 2̇ 4. | 4̇ 3 | 3 - - | 3 - 0 ||   2.
```
心里，　常在我　你常在我　心里。

歌曲简介：

这是一首歌颂老师的歌曲，表现了教师爱生如子、一片丹心育英才，学生对教师的恩情难以忘怀，用歌声来表达对老师的想念和感恩之情。

（二）外国部分

1.《斯卡博勒市场》

Scarborough Fair
斯卡博勒市场

特立尼达—多巴哥民歌

$1={}^\flat E$ $\frac{3}{4}$　　　　　　　　　　　　阿·盖姆斯改编
中速　　　　　　　　　　　　　　　　　薛　　范译配

```
| 6̣ - 6̣ | 3 2 3 | 7̣. 1 7̣ | 6 - - | 3 - 5 |
```
1. Are　you　go - ing to　Scar - bo - rough　Fair?　　　Pars - ley,
你　可　去　到那　斯卡博　勒市　场?　　　芹　菜、
2. Have　her　make　me　a　cam - bric　shirt,　　　pars - ley,
请　她　做　一件　细　布 衣　裳，　　　芹　菜、
3. Have　her　wash　it　in　yon - der　dry　well,　　　pars - ley,
让　她在　枯井里　洗　濯 衣　裳，　　　芹　菜、
4. If　she　tells　me　she　can't　I'll re - ply;　　　pars - ley,
假　如　她　不会　缝 洗 衣　裳，　　　芹　菜、

```
| 6  -  5 | 3 #4 2 | 3  -  6 | 6  -  6 | 5  -  3 |
```

sage,	rose	-	mar	y	and	thyme.	Re	men	-	ber	me	to
苏	叶、	迷	迭	香。	请	代	我	问	候
sage,	rose	-	mar	y	and	thyme.	With	-	out	a	seam	or
苏	叶、	迷	迭	香。	我	需	要	考	究
sage,	rose	-	mar	y	and	thyme.	Where	ne'er	a	drop	of
苏	叶、	迷	迭	香。	不	会	有	水	珠
sage,	rose	-	mar	y	and	thyme.		Let	me	know that	at
苏	叶、	迷	迭	香。		她	至	少	也	该

```
| 3  2  1 | 7̣ 5̣ 6̣ | 3  -  3 | 2  -  1 | 7̣ 6̣ 5̣ | 6̣  -  - ‖
```

one who lives	there,	for	once	she	was	a	true love of	mine.
一 位 姑	娘,	她	曾	是	我	所	倾 慕 想	望。
fine need-le	work,	and	then	she'll	be	a	true love of	mine.
缝 纫 精	巧,	那	才	是	我	钟	爱 的 姑	娘。
wa-ter e'er	fell,	and	then	she'll	be	a	true love of	mine.
溅 到 身	上,	那	才	是	我	钟	爱 的 姑	娘。
least she will	try,	and	then	she'll	be	a	true love of	mine.
学 做 针	线,	那	才	是	我	钟	爱 的 姑	娘。

歌曲简介：

这首歌原是特立尼达—多巴哥的一首民歌。特立尼达—多巴哥位于加勒比海地区，斯卡博勒原名路易港。位于多巴哥岛的西南端，在斯卡博勒湾畔，1796 年取代乔治敦成为多巴哥的首府。特立尼达—多巴哥在 1962 年独立以前曾经是英国殖民地，1976 年建国以后仍旧是英联邦的成员国，因此有的歌曲集上称这首歌曲为英国民歌。

原歌词有多种变体，但每段词的第二句都以集市上叫卖的"芹莱、苏叶、迷迭香"作为垫词，而最末一句又都重复"那才是我所钟爱的姑娘"。

歌曲传入美国后，成为奥斯卡奖影片《毕业生》（THE GRADUTE，1967）的插曲之一，百年奥斯卡金曲之一，原唱是 Paul Simon & Art Garfunkle（保罗西蒙和加丰科），本曲为莎拉·布莱曼翻唱，但朋友们似乎更熟悉后者。歌曲以一位在战火中亡故的普通士兵的口吻唱出，他再也不能回到那朝思暮想的家乡，再也不能与心上人一同享受生活的甘甜了。心中的悲愤化作一声声催人泪下的控诉：成千上万普通士兵如野花一般被战火摧毁在沙场上，那些战争的作俑者最终难逃时间的淘洗。联系当时的时代背景（越南战争），不难领会歌曲的内涵。歌作者保罗·西蒙是六七十年代青年的代言人。他曾在英国修习英国文学，文学底蕴深厚，因而其歌词文字意境深邃。

2.《昨日重温》

Yesterday Once More
昨日重温

〔美〕约翰·贝悌斯词
〔美〕理查简·卡彭特曲
圣 洁译配

1 = C 4/4
中速

`0 0 0 1 1 2 | :3 5 5 3 5 3 | 6 5 3 3 3 5 | 6 7 3 5 5 |`

1. when I was young, I'd lis-ten to the ra - di - o, wait-ing for my fav-'rite songs,
   年轻时候，我爱在收音机旁，等待心爱的歌儿播放，
2. (Look-in') back on how it was in years gone by, and the good times that I had.
   (回顾) 已往，令人不堪回首想，思绪万千心惆怅。

`6 - 0 3 5 | 6 3 2 i 7 | 7. 5 3 5 3 | 2 - - - |`

when they played, I'd sing a-long, It made me smile.
我总随它一起唱。多么欢畅。
makes to-day seen rath-er sad; so much has changed.
艰难岁月真难熬，历经沧桑，

`0 0 0 1 1 2 | 3 5 5 5 3 5 3 | 6 5 3 3 3 5 | 6 7 3 5 6 |`

Those were such hap-py times, and not so long a-go. How I won-dored where they'd gong.
幸福的好时光，它过去并不久，有谁知道在何方，
It was songs of love that I would sing to then, and I'd mem-o-rize each word.
惟有心爱的歌儿我还常歌唱，字字句句没遗忘，

`6 - 7 2 | i 7 6 6 6 7 i 7 | i 7 6 6 6 7 | i i 6 i 2 |`

But they're back a-gain just like a long-lost friend. All the songs I loved so well.
如今又重来，像老朋友一样，歌声温暖我心房，
Those old mel-o-dies still sound so good to me, as they melt the years a-way.
动人的旧旋律在我心中激荡，伴我度过岁月长

`2 0 i 2 | 3 3 3 3 3 2 i | 7 i 7 6 6 3 5 | 5 - - - |`

Ev-'ry sha-la-la-la ev-'ry wo - wo still shines.
每一声嘎啦啦啦，每一声呜喔呜喔，飘荡，

`0 0 0 i 2 | 3 3 3 3 3 2 i | 7 i 7 6 6 3 5 | 5 - - - |`

Ev-'ry shing-a-ling-a-ling that they're start-ing to sing. so fine.
每一声新个铃个铃，好像淙淙清泉流淌，

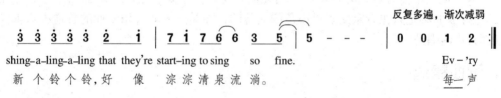

歌曲简介：

该曲的词作者 John Bettis（约翰·贝梯斯）是该曲曲作者 Richard Carpenter（理查德·卡彭特）在加利福利亚州立大学时的同学，他们在学校合唱团相识，经常在一起听唱片，写歌曲。贝梯斯后来成为卡彭特兄妹的挚友。Karen Carpenter（凯伦·卡彭特）的好些走红的歌曲都是由贝梯斯写词，理查德谱曲的，*Yesterday Once More* 就是其中最著名的一首。

凯伦的歌声甜美出众，富有磁性，对歌曲的演绎饱含深情，而哥哥理查德对音乐有着敏锐的识别力和自己独到的见解，他所谱写的歌曲和凯伦的嗓音配合得恰到好处。

Yesterday Once More 于 1973 年 6 月上榜，并获金唱片。

第八章 流行歌曲

一、简介

流行歌曲（Popular Song），是指那些结构短小、内容通俗、形式活泼、情感真挚，并被广大群众所喜爱，广泛传唱或欣赏，流行一时的甚至流传后世的歌曲。这些歌曲，植根于大众生活的丰厚土壤之中。因此，又有"大众音乐"之称。

流行歌曲与古典、正统的音乐形式不同，它是能够让城市中的大多数听众接受，易于掌握，能使普通大众都感兴趣的音乐。这类音乐作品旋律清晰，音域适中，伴奏和和声手法都非常简易。

流行歌曲有以下一些特点。

（1）娱乐性。一般不具备很深音乐理论和技巧修养，甚至根本没什么音乐知识的听众都能接受。

（2）生活性。它直接宣泄人的情绪和感情。

（3）通俗性。歌词大多近似白话，而且表达的内容很贴近生活。

（4）时间性。"流行"一词包含特定的时间含义，也就是说，流行的东西常常也是短暂的东西，具有较强的时间性。任何东西都不可能永远流行。

（5）商业性。流行歌曲本质上属于大众文化或文化工业的范畴。它的生产与消费都具有明显的商业性，因而也就必然使用各种各样的商业手段，如包装、炒作、签约等；而经营流行歌曲的则是特定的文化工业部门之一——唱片公司。

（6）大众性与流行性。顾名思义，流行歌曲是为一个时期的广大民众所普遍喜爱的歌曲，不流行当然不称其为流行歌曲。与此联系在一起的是流行歌曲的非专业化（当然，这只是说一般性地演唱流行歌曲并不需要专门化的训练，并不是否定流行歌曲领域也有专业歌手）。流行歌曲不是只在专家圈子里小范围流传的，而是一般非音乐专业的普通大众都能演唱且都喜欢演唱的。

二、歌曲精选

（一）中国部分

1.《同一首歌》

同 一 首 歌

陈 哲、胡迎节 词
孟 卫 东 曲
李 炳 富 编合唱

$1=$ E 或 $1=$ F $\frac{4}{4}$
深情地

| $\underline{5}$ - 1 2 | 3. $\underline{4}$ 3 1 | 2 - 1 $\underline{6}$ | 1 - - - |

鲜　花曾　告诉我你　怎　样走　过，
水　千条　山万座我　们　曾走　过，

歌 唱 篇

| 5̇ - 1 2 | 3 3̲ 4̲ 5 1 | 4. 3 5 2̲ 3̲ | 2 - - - |

大　地知道　你心中的　每一个角　落，
每　一次相逢　和笑脸都　彼此铭　刻，

| 3 - 5 i | 7 - 6 - | 5 5̲ 6̲ 7̲ 6̲ 5̲ | 3 - - - |

甜　蜜的梦　啊　谁都不会错　过，
在　阳光灿烂　欢乐的日子　里，

| 4. 4̲ 5̲ 6 | 5̲ 4̲ 3̲ 2̲ - 7̲ | 7̲ 6̲ 5̲ 6̲ | 1 - - - |

终　于迎来今　天　这欢聚时　刻
我　们手拉手　呀　想说的太　多

星光洒满了　所有的童　年，
阳光想渗透　所有的语　言，

风雨走遍了　世间的角　落，
春天把友好的　故事传　说，

同样的感　受给了我　们同样的渴望，
啊

同样的欢　乐给了我　们同一首歌　歌
啊　　　　啊

歌曲简介：

这是一首经典的流行歌曲。歌曲分为两个乐段，第一乐段是音乐的陈述部分，音乐平稳、流畅、娓娓道来；第二乐段是歌曲的高潮部分，旋律起伏较大，具有很强的音乐推动力。这首作品抒发了人们对美好明天的渴望和人世间充满真爱的憧憬。

演唱提示：

（1）气息平稳，喉咙自然打开，保持声音的高位置；

（2）合唱部分要注意声部间的和谐，音量的均衡，音色的统一；

（3）演唱时主旋律要清晰、流畅，副旋律要起到很好的烘托作用。

2.《大中国》

大 中 国

1=F 4/4　　　　　　　　　　　　　　　　　高 枫 词曲
每分钟88拍

(5 5̲6̲2 - | 1 1̲6̲2 - | 55 6̲1̲6̲5̲ | 1 1̲6̲2 - | 5̲·2̲ 55 - |

5̲·2̲ 55 -) ‖: 5̲·̲ 6̲5̲6̲1̲·̲ 6̲1̲ | 3̲·̲ 5̲6̲1̲5̲ - | 5̲·̲ 6̲5̲6̲1̲·̲ 6̲1̲ |

　　　　　　1.我 们都有一 个家， 名 字叫中国， 兄 弟姐妹都 很多，
　　　　　　2.我 们都有一 个家， 名 字叫中国， 兄 弟姐妹都 很多，

5̲·̲ 6̲1̲ 3̲2̲ - | 2̲·̲ 3̲2̲3̲5̲3̲5̲·̲ 3̲ | 2̲5̲3̲2̲1̲·̲ 6̲ | 5̲·̲ 6̲1̲2̲3̲5̲6̲1̲ |

景 色也不错， 家 里盘着两条龙 是 长江与黄河 呀，还 有珠穆朗玛峰儿
景 色也不错， 看 那一条长城万里 在 云中穿梭 呀，看 那青藏高原比那

6̲5̲3̲2̲1̲ - ‖: 5̲5̲3̲ 2̲1̲2̲3̲ 5̲5̲0̲6̲ | 1̲·̲ 2̲3̲ 2̲1̲6̲·̲ 5 - | 1̲1̲0̲5̲1̲1̲0̲6̲5̲ |

是最高山坡。 我们的大中国呀， 好大的一 个家， 经过 那个多少 那个
天空还辽阔。 我们的大中国呀， 好大的一 个家， 永远 那个永远 那个

|1.　　　　　　　　　　　　||2.
5̲5̲6̲ 3̲3̲2̲2̲ - :‖ 5̲·̲ 5̲6̲5̲3̲2̲ | 1̲ - 1̲2̲ | 3̲ - 2̲1̲ | 2̲ - 3̲2̲ |

风吹 和雨打。　　　 我要伴随 她。 中 国， 祝福你， 你永

1̲·̲ 1̲1̲6̲5̲ 5 - 1̲2̲ | 3 - 2̲1̲ | 2 - 3̲2̲ | 1̲·̲ 1̲6̲5̲ |

远 在我心 里； 中 国， 祝福你， 不用千 言和万

1̲ - - - | 1̲ - - x | (5̲·̲ 6̲5̲6̲1̲6̲1̲ | 5̲·̲ 1̲6̲5̲3̲2̲3̲ | 3̲·̲ 6̲5̲3̲2̲1̲2̲ | 2̲·̲ 5̲3̲2̲3̲6̲1̲) ‖

语。　　　 嘿　　　　　　　　　　　　　　　　　　　　D.S.

1̲ - 1̲2̲ | 3 - 2̲1̲ | 2 - 3̲2̲ | 1̲·̲ 1̲1̲6̲5̲ | 5 - 1̲2̲ |

语。 中 国， 祝福你， 你永远 在我心 里； 中

3 - 2̲1̲ | 2 - 3̲2̲ | 1̲·̲ 1̲6̲5̲ | 1̲ - - | 1̲ - - 0 ‖

国， 祝福你， 不用千 言和万 语。

歌曲简介：
　　1995 年由高枫创作并首唱，《大中国》被中央电视台著名栏目《东方时空——音乐电视》拍成 MTV，作为一号作品向全国强力推出，迅速走红后，成为妇孺皆知的流行歌曲，并获得多项大奖。

3.《中国娃》

中 国 娃
(男声独唱)

曲 波 词
戚建波 曲

1 = A 4/4
♩ = 96

(伴)姓啥 从那 百家姓里查, 祖籍在那黄土高坡 大槐树底下。
家住东方神州 又名叫华夏, 走到天边不改的名 咱叫中国娃。

1.最爱喝的水呀 永远是黄河水, 给咱一身太阳色 能把那雪融化;
2.最爱说的话呀 永远是中国话, 字正腔圆落地有声 说话最算话;

最爱吃的菜 是那 小葱拌豆腐, 一清二白清清 白白 做人也不掺假。
最爱写的字儿是先生 教的方块字, 横平竖直堂堂 正正 做人 也像它。

最爱穿的鞋 是妈妈 纳 的千层底儿, 站的稳呐走的正,踏踏 实实闯天下,
最爱做的事儿 呀是报 答 咱妈妈, 走遍天涯心不改 永远爱中华,

最爱穿的鞋 是妈妈 纳 的千层底儿呀, 站的稳呐走的正,踏踏 实实闯天下。
最爱做的事儿 呀是 报 答咱妈妈 呀, 走遍天涯心不改 永远爱中华。

(间奏略) D.S. 有 志 的 中 国 娃。

歌曲简介：

《中国娃》是 1996 年由曲波作词、戚建波作曲，并于 1997 年春节晚会唱红。《中国娃》歌词写出了中国青少年在传统生活习俗和文化熏陶下形成的优秀品质，表达了中国青少年热爱祖国、热爱民族，决心报效祖国的真挚情感。

这是一首较为流行的通俗歌曲，歌曲语言朴实，朗朗上口，词曲结合紧密，旋律口语化，带有朗诵和数板的特点，节奏简明、强烈，富于动感，多为一字一音，表现了当代中国少年儿童对伟大的中华民族由衷的热爱之情和强烈的自豪感。

4.《东方之珠》

东方之珠
(男女声对唱)

(台湾) 罗大佑 词曲

1=D 4/4

(男) 小河弯弯向南流，流到香江去看一看，东方之珠 我的爱人，你的风采是否浪漫依然？

(女) 月儿弯弯的海港，夜色深深灯火闪亮，东方之珠 整夜未睡，守着沧海桑田变换的诺言。

(男) 让海风吹拂了五千年，每一滴泪珠仿佛都说出你的尊严。让海潮伴我来保佑你，请别忘记我永远不变黄色的脸。

(女) 船儿弯弯入海港，回头望望沧海茫茫，东方之珠 拥抱着我，让我温暖你那苍凉的胸膛。让膛。

(间奏略)

(齐) 让脸，请别忘记我永远不变黄色的脸。

D.S.

歌曲简介：

罗大佑于 1986 年在香港发表《东方之珠》。作者以含蓄而富于诗意的语言描绘了香港的地理位置、历史沧桑和迷人的夜色，并拟人化地表现了人们对香港的无限眷恋之情。多次的强调，深刻揭示了香港同胞同为炎黄子孙，渴望归依祖国怀抱、渴望统一的爱国之情，从而将一颗炽热的赤子之心奉献给了亲爱的祖国。

5.《隐形的翅膀》

隐形的翅膀

王雅君 词曲

1=♭D 4/4

```
0 0 0 5 1 ‖: 3. 5 3 2 1 | 1 1 1 6 5 5 5 1 | 3. 5 5 5 6 5 |
         每一次     都在徘徊孤单中坚强，每一次    就算很受伤
        （不去）想   他们拥有美丽的太阳，我看见   每天的夕阳

5 2 3 2 1 2 2 6 5 | 3. 5 5 5 6 5 | 3 2 1 1 2 6 5 6 | 1. 2 3 2 3 1 |
也不 闪泪 光，我知道   我一直有双   隐形的翅膀，带我飞  飞过绝
也会 有变 化，我知道   我一直有双   隐形的翅膀，带我飞  给我希

|1. 1 - - 5 1 :‖ |2. 1 - - 3 5 | 1. 7 1 7 6 5 | 6 1 3 2 1 1 1 |
望。     不去望。      我终于 看到所有 梦想都开花，追逐

1 1 5 6 5 2 3 2 1 2 | 2 - - 3 5 | 1. 7 1 7 6 5 | 6 1 3 2 1 1. 1 |
的 年轻 歌声多嘹     亮，   我终于 遨翔用心  凝望不害怕，哪里

1 1 5 6 5 3 2 2 1 | 1 - - 0 | 0 0 0 5 1 :‖ 1 - - 3 5 |
会有 风就飞 多远吧。           不去 吧。    隐形

1. 7 1 7 6 5 | 6 1 3 2 1 1 1 | 1 1 5 6 5 2 3 2 | 0 1 1 0 ‖
的  翅膀让梦 恒久比天长，留一 个愿望让自己     想象。
```

歌曲简介：

这首歌的词作者是中国台湾新锐创作人王雅君，该曲曾被选为高考的作文题。据王雅君介绍，《隐形的翅膀》灵感来自王雅君和张韶涵的亲身经历，当时差不多只用了 5 分钟就写完了。"这种题材没有办法去凭空幻想，都是有感而发。小时候我就希望自己写的歌能在广播里播，而张韶涵是想成为歌手，但是我们的家人都不是很支持，所以只能靠自己的努力去实现音乐梦想。我们俩算是一起吃苦，一起熬过来的。这首歌是希望能鼓励大家勇敢做梦。"

6.《祝福》

祝　　福

丁晓雯 词
郭　子 曲

1=G 4/4

(5 6) 1. 3 2 1 6 1 | 1 - - 3 5 | 5. 1 6 5 3 5 | 5 - - 5 |
(合)朋　友　我永远祝福你　　朋　友　我永远祝福　你　　　啊

6 1 6 5　3 2 | 3 3 2 1　5 6 | 1. 3 2 1 6 1 | 1 - - 5 6 |
啊　　啊　　啊　　朋　友　我永远祝福　你　(独)不要

1　2 3 2　3 5 | 6 5 5 3 3　3　2 3 | 1 6. 5 5 3 2 1 1 | 2 2 3　2 3 5. 5 6 |
问 不要说, 一切　尽在不言中,这一　刻偎　着烛光让我们　静　静　的渡过。莫挥
愁 几许忧, 人生　难免苦与痛,失去　过才　能真正懂得去　珍惜　和拥有。情难

1　2 3 2　3 5 | 6. 5 5 3 3　2 2 3 | 1 6. 5 5 3 2 1 | 2 - - 3 2 |
手 莫回头, 当我　唱起这首歌,怕只　怕泪　水轻轻的滑　落。　　愿心
舍 人难留, 今朝　一别各西东,冷和　热点　点滴滴在心　头。　　愿心

1　2 3 5 6 5 6 | 1 6 6 - 1 6 | 5 3 2 1 2 2 3　2 3 | 1 - - 5 6 :||
中 永远留着我的　笑容,　　伴你　走过每一个春　夏秋　冬。　几许
中 永远留着我的　笑容,　　伴你　走过每一个春　夏秋

[2.]
1 - - 5 6 ||: 1 - - 6 5 | 6 1 1 6 5　3 5 6 | 1 - - 6 5 | 6 1 1 6 5 5 3 2 |
冬。　伤离别　　离别 虽然在眼　前,说再　见　再见 不会太遥　远,若有

[3.]
1　2 3 5 6 5 6 | 1 6 6 - 1 6 | 5 3 2 1 2 2 3　2 3 | 1 - - 5 6 :|| 1 - - 0 ||
缘 有缘就能期待　明天,　　你和　我重逢在灿烂　的季　节。　伤离冬

5 6
不要
D.S.

Fine.

歌曲简介：
　　张学友演唱的《祝福》表达了对朋友真挚的祝福，旋律是五声调式的，质朴清新，歌词情真意切，打动人心，这首歌曲流传广泛，深受听众喜欢。

（二）外国部分

1.《北国之春》

北国之春

〔日〕井出博正 词
〔日〕远藤实 曲
吕 远 译词

1=♭B 4/4
稍慢

```
0 3 3 3 3 - | 2 3 3 2 3 2 1 6 5 | 3. 2 1 1 1 6 | 5 - - 0 |
1.亭亭白桦,    悠悠碧    空,微   微    南   来    风,
2.残雪消融,    溪流淙    淙,独   木    桥   自    横,
3.棠棣丛丛,    朝雾蒙    蒙,水   车    小   屋    静,

6 1. 1 6 1 2 1 6 5 | 3 5. 5 6. 5 1 2 | 3 5. 5 1. 6. 5 3. 2 | 1 - - 0 |
木兰 花开山岗上, 北国 之春天 啊 北国 之春已 来 临。
嫩芽 初上落叶松, 北国 之春天 啊 北国 之春已 来 临。
传来 一阵阵歌声, 北国 之春天 啊 北国 之春已 来 临。

2. 5 5 3 5 3 2 | 1 1 2 3 5 | 3 5 6 1 2 2 3. | 2 - - |
城 里不知    季节 变换, 不知季节已 变    换,
虽 然我们已  内心 相爱, 至今尚未吐 真    情,
家 兄酷似    老父 亲, 一对沉默寡 言    人,

1. 2 3 2 1 | 6 1 1 6 5 3. | 5 6 5 3 2 1 | 2 - - 3 5. |
妈 妈犹在  寄来包裹,送来寒 衣御严    冬。 故乡
分 手已经  五年整,我的姑   娘可安    宁? 故乡
可 曾闲来  愁沽酒,偶尔相   对饮几    盏? 故乡

                                                    1.2.
5. 6 5 3 5 | 6 1 1 2 3 - | 2. 2 2 2 3 2 1 6 | 1 - - - ‖
啊 故 乡 我的故乡, 何 时能回 你怀 中?
啊 故 乡 我的故乡, 何 时能回 你怀 中?
啊 故 乡 我的故乡, 何 时能回 你怀

3.
1 - 0 0 |(5. 3 5 1 2 | 3. 2 3 5 - | 2. 2 2 1 6 | 1 - - -)‖
中?
```

歌曲简介：

歌曲优美动听，抒发了游子对故乡亲人的深切思念。歌曲的开始部分由高音开始，悠扬抒情的旋律展现出春暖花开的乡村景色，给人以清新明朗的感觉。后一部分的旋律在中低音区迂回，表达了对故乡亲人的深深思念和渴望回到故乡的心情。

演唱提示：
演唱时应以激动的情绪，准确、果断地发出的高音，以流畅甜美的音色完成歌曲的演唱。

2.《我发誓》

I Swear

我 发 誓

1=C 4/4

0 2 | 1̇ 6 5 5 - 6 7 | 1̇ 1̇ 1̇ 1̇ 3 4 | 5 6 5 5 - 5. 2̇ |
　 I　sw-e-ar　　　by the　moon and the star　in the　sky　　　and I

1̇ 6 5 5　5 6 7 1̇ | 1̇　1̇ 1̇ 1̇ 3　4 | ⁵⁶5 - - - |
sw-e-ar　　like the sha-dow　that's　by　　your　side

0 0 3 4 5 5 | 5 5 6 5 5　4 3 | 3 - 3 4 5 5 |
　 I see the ques-tions in　　your eyes　　 I know that's

5 2̇ 7 7. 5 | 6 5 3 3　3 4 5 5 | 5　6 1̇ 1̇　3̇ 2̇ 1̇ 2̇ |
we-igh-ing on　your　mind　you can be sure　I know　my　part

2̇ - - 6 5 | 5 0 3 3　0 3 4 5 | 5 6 5 5　4 3̇ |
　'cause　I'll　　 stand be-side　your through the years

3̇ 2̇ 1̇ 1̇ 3 4 5 5 | 5 2̇ 7 7 5 6 | 6 5 3 3 1̇ 2̇ 3̇ 3̇ |
you'll　on-ly　　cry those ha-ppy tears　　　and though I make

3̇ 2̇ 1̇ 1̇ 1̇ 1̇ - | 3̇ 2̇ 1̇ 1̇ 2̇ 3̇ 2̇ | 2̇ - 2̇ 5̇ 2̇ 1̇ |
mis-takes　　　I'll ne-ver brea-k your heart　　　and I

‖: 1̇ 6 5 5 - 6 7 | 1̇ 1̇ 1̇ 3 4 | 5 6 5 5. 6 7 5 |
sw-e-ar　　by the　moon and the star　in the sky　I'll be there

5 - - 5 2̇ | 1̇ 6 5 5　5 6 7 1̇ | 1̇ 1̇ 1̇ 1̇ 3 4 |
　I　sw-e-ar　　like the sha-dow that's　by　your

5 6 5 5. 6 7 | 5 - - 0 3 | 4 3̇ 2̇ 1̇ 1̇. 3 |
side　I'll be there　　for　be-tter or worse till

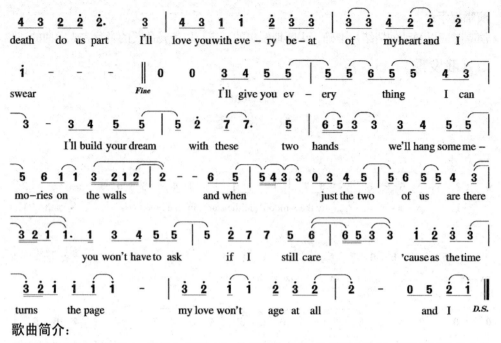

歌曲简介：

《我发誓》是20世纪90年代在美国走红的"四合一"合唱团及肯尼·罗杰斯的代表作。

这首歌曲的最初演唱者是美国乡村歌手约翰·麦可·蒙哥马利。他在歌迷的心目中占据着很重要的地位，如今约翰·麦可·蒙哥马利已被视为新一代乡村歌手曲风的代表之一。在《我发誓》中，约翰·麦可·蒙哥马利又一次证明了诺言的可贵和重要。爱情本身需要承诺来保护或自我监督，需要承诺来作为一种明确的表白，也需要承诺来证实爱情本身的纯洁。

"四合一"合唱团（Four in One）演唱这首歌的版本，和声是最好听的，在约翰·麦可·蒙哥马利将其唱响乡村排行冠军后，"四合一"合唱团的翻唱版本也轰动了全球，一曲深情的 I swear，直逼 RIAA 白金销量。这首歌在美国 Billboard 热门单曲榜的冠军位置上停留了11周之久，使之不仅成为1994年的年度最畅销单曲，还成了摇滚史上的第三个里程碑。

3.《大千世界》

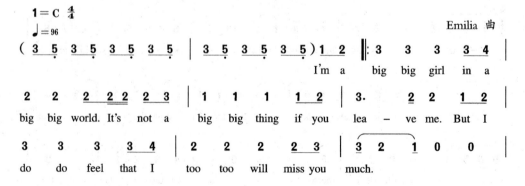

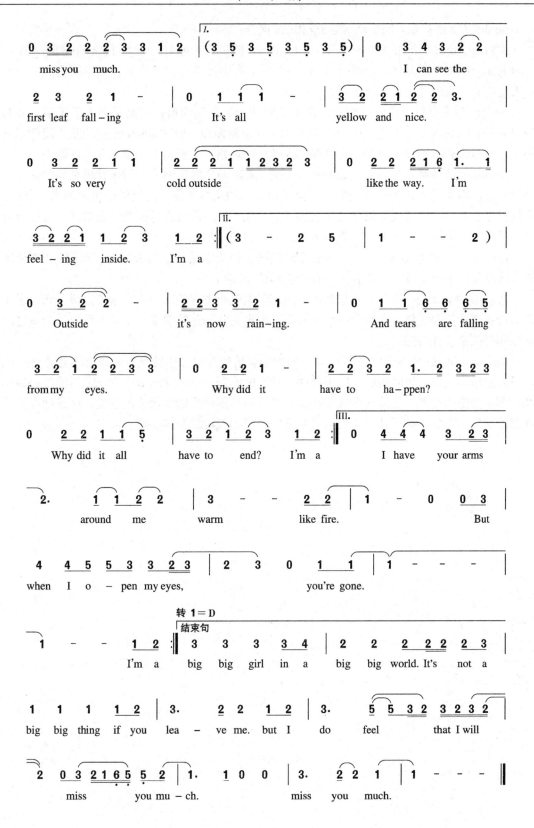

Emilia（艾蜜莉亚）的专辑 *Big Big World* 简介：

Big Big World 让很多不会英文的人都能准确地唱出 " I am a big big girl, in a big big world" 的句子，甚至连尾音 "g" 也唱得惟妙惟肖。而原唱者纯净剔透的声音像是天使化身少女的叮咛，赋予了歌曲以灵魂。

Emilia 是来自瑞典的漂亮姑娘，全家现定居于美国纽约市。父亲是爵士乐乐手，他对 Emilia 的音乐影响不言而喻，Emilia 的音乐中除了舞曲和一般 Euro-beat 式的欧式流行元素外，还明显带有节奏和布鲁斯及灵歌等黑人音乐的风格，这都得益于早年父亲的教诲。

Emilia 略带沙哑不失青春活力的嗓音深受 R&B 曲风的影响，翠茜·普曼是她的偶像，她说自己从翠茜的歌声中获益无穷，学会了对生活的从容态度，对真爱的勇敢追求。"她使我懂得克服生命中的逆境与孤独，"Emilia 说，"我所做的即是自己的梦，我要做到自己所能做到的最好，无论这个大大的世界是多么的痛苦、悲凉与艰难……"

Emilia 是瑞典超人气歌星，唱片在全球突破了白金销量，单曲 *Big Big World* 成为全球流行速度最快的一支歌，欧美各大排行榜勇攀前 10 名。

Big Big World 是一首百听不厌的歌，Emilia 柔软而没有矫饰的声音格外温暖亲切，于无奈中释放着希望和忧伤，在怀念中种下愿望，歌里见叶伤秋的感觉，是天下任何一个爱过的女孩和男孩都能体会的。

Big Big World 中表达了许多爱情方面的细腻情愫及生活中的点点滴滴，洋溢着 Emilia 可爱的自信心及骨子里隐藏的一些不敢面对现实的脆弱。单曲 *Big Big World* 写的就是她揣摩一个小女生的心理，描述迷失在茫茫人海中，为离别的爱情而困惑的感觉。这是她在大学读书的时候写下的，她抓住了年轻人面对现实世界的孤独感与挫折感。

第九章 民间歌曲

一、简介

歌以咏志！歌曲在民间的传唱，几乎可以追溯到人类文明的开端。人们用歌曲来抒发内心的欢乐，发泄胸中的郁闷，赞美富饶的土地，歌唱美好的生活，歌曲最直接地反映了他们的生活。

在中国，从三千年前的《诗经》，到流传近一个世纪的新疆民歌《阿拉木罕》，云南民歌《半个月亮爬上来》，青海民歌《在那遥远的地方》、《四季花》，陕北信天游《走西口》、《赶牲灵》、《三十里铺》，江苏民歌《茉莉花》，湖南民歌《浏阳河》，四川民歌《康定情歌》，以及其他无数歌曲都在民间广为传唱。

在欧美等国家，同样也有无数优美的歌曲在民间传唱，特别是随着现代广播、电视、电影等大众传播媒介的迅速发展，很多过去只在某一个民族或地区流传的歌曲逐渐被全世界的人所熟悉和喜爱，如苏格兰民歌《友谊地久天长》(Auld Lang Syne)，爱尔兰民歌《夏日的最后一朵玫瑰》(The Last Rose of Summer)，加拿大民歌《红河谷》(Red River Valley)，西班牙民歌《白兰鸽》(Paloma Blanca) 德国民歌《雪绒花》(Edelweiss)，英国民歌《可爱的家》(Home, Sweet Home)，美国民歌《科罗拉多河上的月光》(Moonlight on The Colorado)、《老人河》(Old Man River)，等等。

这些千百年来传唱的歌曲，或者表达对乡土的眷恋，对家乡的赞美，或者吟唱对爱情的忠贞不渝和执著追求，或者歌颂真挚的友谊和伟大的自由，或者直接描写劳动的场面，它们都最直观地反映了各个国家的文化风情和人民的生活面貌，体现了各个民族的价值观念。这些歌曲往往旋律优美动听，歌词生动感人，它们中的大部分都是由活跃在民间的各种艺人创作，再经过人们长期的口头传唱润色，最后经过专业音乐人士的整理加工，而具有了今天的形式。有一部分歌曲则是长期流传在乡间的旋律和某个诗人优美的诗篇完美结合的产物，如爱尔兰民歌《夏日的最后一朵玫瑰》的歌词就来自于爱尔兰伟大诗人托马斯·莫尔(Thomas Moore，1779—1852年)的一首诗。

二、歌曲精选

（一）中国部分

1.《跑马溜溜的山上》（又名《康定情歌》）

跑马溜溜的山上

康定民歌
江定仙 编曲

[乐谱：《跑马溜溜的山上》续谱]

歌曲简介：

《跑马溜溜的山上》又名《康定情歌》。这是一首四川民歌，由平行式的上下句加以补充构成，音乐前后呼应，一气呵成。歌曲情景交融，很好地表达了青年男女的爱慕之情。衬词的运用，更加突出了歌曲的情趣和民族风格。

演唱提示：

演唱时要求讲究韵味，声音要甜美，用调整声音的色彩来体现情绪和力度上的变化。

2.《我爱我的台湾岛》

我爱我的台湾岛

高山族民歌
杨 杨 改词
思 游 记谱

[乐谱内容]

演唱提示:

这是一首结构方整的歌曲,其曲调流畅凄楚、质朴深情,表达了渴望台湾早日回归祖国的心愿。在第三、第四句情绪激动迫切处形成全曲的高潮。演唱时注意把握情绪的变化,要求声音连贯,气息平稳,声情并茂。

3.《送我一枝玫瑰花》

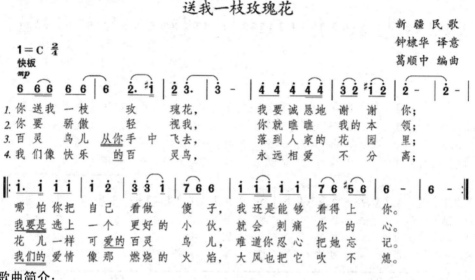

歌曲简介:

这是一首既生动活跃,又优美动听的新疆维吾尔族民歌,是表现青年男女爱情的歌曲,有着浓郁的新疆地方特色,旋律欢快明朗、诙谐的曲调,体现了新疆人民热情奔放的性格和特点。经过作者的加工、改编后,作为女声小合唱曲或独唱曲,都广为流传并受到欢迎。

演唱提示:

演唱时要有充满激情的动感和自信,咬字吐字清晰,把握新疆民歌的风格特点,用独特的声音色彩塑造出歌中表达的男女之间互敬互爱的思想感情。

全曲由快速、跳动的钢琴引子加四个呈对称性的乐句构成。由"引子"导引出的歌唱旋律非常优美,四个乐句环环相扣,一气呵成。演唱此曲,应注意声音的纯美与线条的流畅,随着内容的发展把姑娘性格中的几个主要侧面——热情、诚恳、自尊等生动地表现出来。

要在"稍快"的速度中把歌词吐唱清楚并保持嗓音的美好音质,这需要花工夫多多练习。这首歌旋律上虽然没有大的跌宕起伏,但抒情活跃也有抒情活跃的难处,对声音粗重的人来说尤其是这样。另外还需指出的是,此歌中有许多拖长音和切分音,歌唱时应用心把它们唱好。对长音不要因其长而把它唱重、唱笨,也不要草草了事不把拍子唱足,更不能不倾注应有的感情而使人感到索然无味。

歌词热情直率,充满青春活力和生活情趣。旋律优美,婉转起伏。单乐段结构,第一句活泼、跳跃,开门见山,点明题意。第二句几乎是半音的上下游动,结束在下属音上,增加了爱情的甜蜜感。第三句具有叙述性,第四句是第二句的下移四度的摸进重复。但结束在主音上。全曲半音的辅助音和倚音的运用,使旋律增加了亲切感,也缩短了歌者与听者的距离。演唱时,整体上要把握住歌曲情绪的热情、活泼和多情、俏皮的特点,而声音驾驭上,又要形成一、三句弹跳性和二、四句的流畅、舒展的对比，以表现这位美丽的少女在接受小伙子的象征爱情的玫瑰花后，发自内心的兴奋心情与妩媚动人的形象。

4.《半屏山》

半 屏 山

于礼厚、魏梦君 词
魏 立、王碧云 曲

1=F(G) 2/4
中速

(1. 111 325 | 1. 216 556 | 131232 | 1 65) 355 | 5 65 | 5 3 2321 |

1. 半屏山哪 半屏
2. 半屏山哪 半屏
3. 海峡两岸 紧相

1 — | 15 1 | 35 6 | 335 31 | 2 — | 5 13 | 5565 3 |

山， 一座 山哪 分成两半， 自古 传说
山， 一半在大陆 一半在台湾， 祖国的领土
连， 万水 千山 隔不 断， 美丽的 宝岛

2 0332 | 1 71 6 | 5 5165 | 3. 521 | 1 23 216 | 1 5 1 | 3 235 |

一 半在 大陆， 还有 半屏 在台 湾， 在台
水 连水 山连山， 骨肉 同胞 心相 连， 心相
我 们的 家园， 可爱的 祖国 大好河

1 — :|| 1 5. | 5 5165 | 3. 521 | 335 656 | 5 — ||
湾。
连。 山， 可爱的 祖国 大好河 山。

演唱提示：
作者用起承转合的四句体手法，描写了中国内地与台湾同胞的骨肉亲情，具有抒情的民族风格。歌曲的旋律十分优美，演唱时要求声音平稳、连贯、亲切，用情真意切的演唱表达出两岸人民的思念之情。

5.《长鼓敲起来》

长 鼓 敲 起 来

李洁思 词
金凤浩 曲

1=F 6/8
快乐、奔放地

(1. 11 1. 76 | 6777. 65 | 6. 5. 64 | 3. 03 #4 567 | 1. 11 1. 76 | 6777. 65 |

6 612 3. 561 | 7. 7. | 3236. | 31. 62. | 3531. 656 | 6. 6.)

6. 66 6. 53 | 5 0315 6. | 161 2. 356 | 3. 3. | 6. 66 6. 53 |
长鼓呀咚 咚 敲 起来， 咚咚敲起来， 彩裙呀翩 翩

歌曲简介：

这是一首朝鲜族风格的歌曲。歌曲具有很强的舞蹈性。描写朝鲜族人民在长白山下、图们江边载歌载舞的情景。表现了他们热爱自己的家园、幸福生活的图景。

6.《大地飞歌》

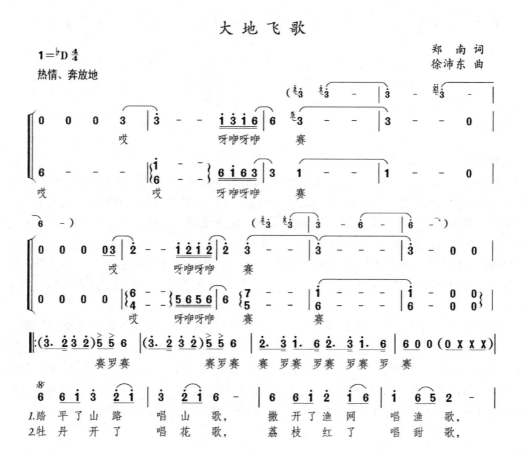

歌曲简介：

  1999 年，由著名作曲家徐沛东和作词家郑南为宋祖英量身定做的《大地飞歌》在首届南宁国际民歌艺术节上一亮相便好评如潮。从此，这首几乎成为南宁国际民歌艺术节代名词的主题曲迅速红遍大江南北，甚至唱到了海外。接下来的几届民歌艺术节，这首《大地飞歌》被屡次翻唱。2000 年，零点乐队扛起了摇滚版《大地飞歌》的大旗。2001 年，《大地飞歌》落在了情歌王子周华健肩上，2002 年和 2003 年分别是陆毅、赵薇和羽·泉的组合版，2004 年又由宋祖英演唱。最令人叫绝的是 2005 年干脆来了个由黄英领唱众人合唱的"美声版"。

  据组委会负责人介绍，内地众多实力派女歌手纷纷向《大地飞歌》抛出绣球，希望有机会演绎这首经典歌曲。香港某巨星也向组委会表现出演唱这首歌曲的强烈兴趣。来自新加坡、泰国、菲律宾等地的众多重量级歌手也对《大地飞歌》青睐有加，他们看中的正是开幕式晚会日益扩大的国际影响力和直接链接东南亚十国的舞台，希望通过演唱《大地飞歌》来提升国际人气。此外，也不排除欧美国家友人演唱《大地飞歌》的可能性。

7.《一杯美酒》

一杯美酒

维吾尔族民歌
艾克拜尔吾拉木 译配

1=♭A 2/4
中速、热情地

(0 6 6 6 3 | 0 3 4 3 2 | 0 1 2 3 5 4 | 0 3 3 3 3 | 0 1 1 7 1 6 |

0 4 4 3 4 2 | 6 7 1 3 7 1 7 6 | 6 7 1 3 7 1 7 6 | 6 6 6 3 3 6 | 0 6 6 3 3 6)
                                                                         mf

0 6 6 6 3 | 3 3 4 3 2 1 | 1 2 3 4 5 4 | 4 3. | 3 — |
我的爱情　像杯美酒　一杯美　酒，

0 1. 7 1 | 6 5 4 3 2 | 2 1 3 7. 1 7 6 | 6 6. | 6 — |
心　上人　请你把它　接　　　　受。

0 2 3 4 4 | 4 4 4 4 3 2 | 0 6 6 ♯5 4 | 3. 4 3 2 3 | 0 6 7 1 3 |
天山上的　雄鹰只会　盘旋，不飞过山顶，情人围

3 7 1 7 6 3 | 3 3 1 7 6 | 6 6. | 6 — | 6 — | 6 — |
绕着我　不愿离　走。　　　　　　　　　啊

0 6 7 6 5 6 | 3 — | 3 — | 0 2 3 4 4 | 4 4 4 4 3 2 |
情　人　啊！　　　　你的花容　月貌时刻

0 6 7 6 4 | 4 3 | 0 2 3 4 4 | 4 4 5 4 3 | 0 6 7 6 5 | 3. 4 3 2 3 |
吸引着我，我在为你　尝受悲　　　　苦。

0 1. 1 3 | 3 7 1 7 6 3 | 3 3 3 1 2 7 6 | 6 6. ‖: 0 2 2 2 3 |
请　接收　我心灵的　一杯美　酒，一杯美酒

3 1 3 3 3 | 3 1 3 7. 1 7 6 | 6 6. | 0 1 1 7 6 6 | 6 5 4 3 2 |
一杯甜酒　一杯甜　　酒。　喝了它　准会把你

                              1.   2.
2 1 3 7. 1 7 6 | 6 6. :‖ 6 6. | 6 — | 6 — | 6 — ‖
醉　　　　透。　　透。　啊。

歌曲简介：
　　新疆最优美、最具代表性的抒情民歌《一杯美酒》，从创作到曲风都具有维吾尔族色彩，具有浓郁的西域风情和鲜明的民族特点。在欢快的节奏下，浸润着原汁原味的新疆乐风。音乐编配上使用了维吾尔族的弹拨乐，由艾克拜尔吾拉木译配，从歌词、旋律、节奏无不体现出一个能歌善舞的热情民族风情，及对自由爱情的热烈向往，唱出了美酒般醉人的甜蜜爱情。歌曲美丽奔

放,声音细腻热情,表现清澈纯美,把新疆的灵巧味道都发挥出来了,是新疆各民族儿女幸福、团结、快乐、和谐的心声。斟一杯美酒流淌出牧人的奔放;饮一碗香茶品味草原的芬芳;唱一曲动情的歌荡起心底纯真的情趣;赏一段热烈欢快的舞蹈,带给你无比的温馨和快乐!

8.《在银色的月光下》

在银色的月光下

塔塔尔族民歌
洛 宾 译词
黎英海 改编

(乐谱略)

演唱提示：

歌曲为三段式结构，第一段的旋律优美流畅，具有很浓的抒情风格；第二段运用转调，造成了色彩和情绪的对比，曲调新颖而富有激情；第三段是第一段的再现。演唱时声音要明亮流畅，注意气息的控制、由低到高的八度大跳，要控制好声音，做到统一平稳，不要太冲。

（二）外国部分

1.《雪绒花》

Edelweiss

雪 绒 花

音乐剧/影片《音乐之声》选曲

[美] 奥斯卡·汉默斯坦 II 词
[美] 理恰德·罗 杰 斯 曲
薛　　　范 译配

1=D 3/4

```
3  -  5  | 2.  -  -  | 1  5  4  -  -  | 3  -  3  |
E  -  del- weiss,      E  - del- weiss,     ev - 'ry
雪     绒  花，         雪    绒  花，       清    晨

3  4  5  | 6  -  -  | 5  -  -  | 3  -  5  | 2.  -  -  |
morn-ing you greet      me.         Small  and  white,
迎  着  我  开            放。         小    而   白，

1  -  5  | 4  -  -  | 3  -  5  | 5  6  7  | 1  -  -  |
clean and bright,     you  look  hap-py  to  meet
洁   而  亮，          向   我   快 乐 地  摇

1  -  -  | 2.  5  5  | 7  6  5  | 3  -  5  | 1  -  -  |
me.      Blos-som of  snow may you  bloom and  grow,
晃。       白 雪 般的  花儿，愿  你  芬     芳，

6  -  1  | 2  -  1  | 7  -  -  | 5  -  -  | 3  -  5  | 2.  -  -  |
bloom and grow  for - ev -      er,        E  - del- weiss,
永    远  开   花   生           长。        雪    绒

1  -  5  | 4  -  -  | 3  -  5  | 5  6  7  | 1  -  -  | 1  -  -  ||
E  - del-weiss,      Bless my  home-land for - ev -   er.
雪    绒 花，         永   远  祝  福   我  家          乡。
```

歌曲赏析：

  这是一首流传于德国和奥地利的古老民歌。雪绒花（Edelweiss），又称雪花、火绒草，是遍生于奥地利阿尔卑斯山脉的一种白色小花，奥地利人把它视为国花。在德语中，"Edelweiss"意为"高贵的白"，如同天山的雪莲，这种生长于寒冷、洁白无瑕世界里的小花被德意志人视为高贵、纯洁的象征。因为对它的喜爱，人们创作了这首优美动听的歌曲。

  1959 年，美国音乐剧 The Sound of Music 将这首歌作为自己的插曲。这部音乐剧在百老汇总共演出了 1400 多场。1965 年，它被搬上银幕，由美国著名音乐巨匠罗伯特·怀斯（Robert Wise）主演，影片获得了巨大的成功，片中的插曲也在世界各地广为传唱。除了这首 Edelweiss 外，还包括 My Favourite Things, Do Re Mi 和 Climb Every Mountain 等多首广受欢迎的歌曲。这部影片荣获当年奥斯卡 11 项奖项，其中包括最佳影片、最佳导演和最佳电影歌曲等大奖。

  影片根据奥地利的一个真实故事创作：修女玛丽亚到海军退役军官特拉普家担任家庭教师，她十分疼爱失去母亲的 7 个孩子。孩子们也喜欢上了这个温柔活泼的姑娘，从她身上学到了不少知识，感受到了母亲的温暖，体验到了生活的乐趣。而玛丽亚也和特拉普产生了恋情，最后成为了这个家庭中的一员。饰演玛丽亚的朱莉·安德露丝在这部音乐片中充分展现了自己独特的表演天赋，她将优美动听的歌声、热情奔放的舞蹈和纯情浪漫的个性完美地结合在一起，塑造了一个深受广大观众特别是儿童喜爱的角色。

  在音乐剧《音乐之声》中，这首短歌出现过两次。

  自从特拉普上校丧妻之后，他的家庭变得死气沉沉，但家庭教师玛丽亚到来后，孩子们在她的关怀下恢复了活泼的天性，使这个家庭又恢复了生气。在一次家庭晚会上，当特拉普上校听到孩子们优美悦耳的歌声时，也情不自禁拿起吉他弹唱这首久违的歌曲《雪绒花》。

  全剧最后，特拉普上校为逃避纳粹德国的迫害，已暗中筹划好全家逃亡。在萨尔茨堡音乐节上，他借这首歌向自己的祖国、自己的人民告别。唱了一半，便哽咽不能成声，随后，参加音乐节的全场观众都站了起来，向在场的虎视眈眈的德国占领军"示威"。这首歌成了奥地利人民绝不屈服的象征。

2.《纺织姑娘》

《纺织姑娘》是一首著名的俄罗斯民歌，现在这首歌曲的产生年代已经无从考证，这样反而使得这首歌曲蒙上了一层迷人的色彩。《纺织姑娘》沉静优美，带有俄罗斯特有的沉郁、凝重和忧伤，在20世纪50年代曾在中国大受欢迎。

3. 《红河谷》合唱版

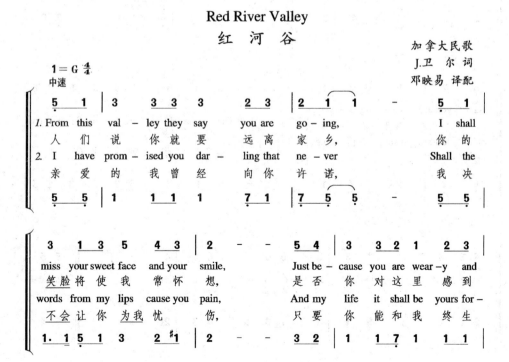

96 　歌唱艺术

```
5 4 4  -  6 ♭6 | 5   7 1 2. 2 3 2 | 1 - - 5 1 |
tired,      You are chang-ing your range for a-while    I've been
厌 倦，     一 定 要 去 到 异 地 他 乡。          亲 爱
o - ver,    If you on-ly love me a-gain.              When you
相 爱，     我 将 永 远 留 在 你 的 身 旁。         你 可

6 6 6  -  6 ♭6 | 5  7 1 2. 2 1 7 | 1 - - 5 5 |

3 3 3 3 2 3 | 2 1 1 - 5̣ 1 | 3   1 3 5  4 3 |
think-ing a long time, my dar-ing,  Of the sweet words you ne-ver would
的 我 时 常 这 样 揣 想，  你 该 把 甜 蜜 的 话 儿 对 我
think of the val-ley you're leav-ing, Oh, how lone-ly and drear it would
想 过 你 若 远 离 家 乡，   这 里 该 多 么 寂 寞 凄

1 1 1 1 7̣ | 7̣ 5̣ 5̣ - 5̣ 5̣ | 5̣ 1  3. 3 2 ♯1 |

2 - - 5 4 | 3 3 2 1 2 3 | 5 4 4 - 6 ♭6 |
say,      Now a-las, must my fond hopes all van-ish?  For they
讲，      如 今 这 期 望 像 春 梦 一 样，      因 为
be,       When you think of the fond heart you're breaking, And the
凉，      你 知 道 你 走 后 我 多 痛 苦，      你 会

2 - - 5 4 | 3 1 7̣ 1 1 | 6̣ 6̣ 6̣ - 6 ♭6 |

5̣ 7̣ 1 2 3 2 | 1 - - 1 3 | 5  5 5 5 4 5 |
say you are go-ing a-way,)       Then come sit here a while'ere you
你 就 要 离 开 家 乡。 )         亲 爱 的 快 来 坐 在 我 的
pain you are caus-ing to me,)
给 我 留 下 多 少 悲 伤。)

5̣ 7̣ 1 2 1 7̣ | 1 - - 5̣ 1 | 3   3 3 3 2 3 |

4 3 3 - 1 3 | 5  5 5 5 6 5 | 4 - - ‖: 5 5 |
leave us,  Do not hast-en to bid us a-dieu.        just re-
身 旁，    不 要 离 别 得 这 样 匆 忙，           别 忘

2 1 1 - 5̣ 1 | 3 1 3 5 5 4 3 | 2 - - ‖: 5 4 |
```

```
| 5  5ʰ5 6  ʰ55 | 5 4 4  -  4 4 | 3  2 3  4.4 5 4 | 3  -  - ‖
mem-ber the Red  River Val-ley,  And the girl who loved you so true.
记    红  河   你的  家乡,       还有 那  热爱  你 的 姑  娘。
| 3  3 2 1  2 3 | 5 4 4  -  6ʰ6 | 5  7 1  2.2 3 2 | 1  -  - ‖
```

歌曲简介：

这首歌流传了 100 多年，但对于它的诞生地，依旧争论颇多。大部分人都认为这是一首加拿大民歌，歌曲中的"红河"指的是由加拿大西部流入曼力托巴省温尼佩格湖的那条河流。也有人认为它指的是纽约州的莫哈河，因为有位衣阿华州的开拓者杰姆斯·克律根在 1896 年发表了一首按同一曲调填写的歌词，内容和这首《红河谷》颇为相似，其中他提到了"明媚的莫哈河谷"，寄托了对这条河谷的怀念。但是大多数美国人都认为歌中的红河指的是流经得克萨斯州的红河，因为在 1941 年好莱坞曾以这条河为背景拍摄了与歌曲同名的电影，并将这首歌曲作为影片的插曲。

不论歌曲从何处起源，它都已经成为美国传统的牛仔牧童歌曲，也在世界各地得到了广泛传唱。这首歌从 20 世纪 50 年代传入我国，到今天，它已经家喻户晓，并成为很多人在唱卡拉 OK 时的保留曲目。不管怎么说，考证"红河"具体的地理位置对于大家并不重要，而歌曲以朴实的曲调和朴实的歌词所表现出来的朴实的感情才是赢得所有人喜爱它的真正原因。

4.《友谊地久天长》合唱版

Auld Lang Syne
友谊地久天长

苏格兰民歌
R. 彭 斯 词
J.S. 费里斯 改编
邓映易 译配

$1 = F$ $\frac{2}{4}$

中速、深情地

```
| 5 | 1. 1  1  3 | 2. 1  2  3 | 1. 1  3  5 | 6.     6 |
| 5 | 5. 5  5  1 | 7. 7  7  7 | 5. 1  1  1 | 1.     1 |
  1.Should auld ac-quaint-ance be for-got, And nev-er brochl to mind?    Should
     怎 能  忘  记  旧  日  朋  友, 心  中  不  常  怀  想,        旧
  2. We  twa ha'e run  a-boot the braes, And pu'd the gow-ans fine;   But we've
     我们 同 游  故 乡的 青  山  上, 到   处  野  菊  飘  香,         我
  3. We  twa ha'e pai-dled i' the burn, Frae morn-in' sun till dine;    But
     我们 也 曾  终  日  逍  遥, 荡  桨  在  清   波   上,           但
  4. And there's a  hand, my trust-y frien',And gie's a hand o' thine;   We'll
     让  我 们  紧 紧  挽 起 手,情   谊   永  不 相  忘,          举
| 3 | 3. 3  3  5 | 4. 3  4  5 | 3. 5  3  3 | 4.     4 |
| 1 | 1. 1  1  1 | 5. 5  5  5 | 1. 1  1  1 | 4.     6 |
```

词作者简介：

Robert Burns（罗伯特·彭斯，1759—1796 年）是 18 世纪苏格兰最伟大的农民诗人。他出生于雇农家庭。由于家境贫困，只在当地的学校里读了几年书就辍了学，后来全靠自学。他阅读广泛，对苏格兰的口头文学和民歌尤感兴趣。他后来创作诗歌时，往往利用现成的歌曲曲调填上新词，或者从旧民歌中取意另作新诗。他一生大约写了 350 多首歌，现在都成了苏格兰民歌宝库中的瑰宝。他的大部分作品都用苏格兰本地方言写成。

他的歌曲生前很少出版发表，但在民间口头流传极广。最最出名、无人不晓的便是1788年写的这首 *Auld Lang Syne*，现在已传遍世界各个角落。尤其是欧美各国，每逢节庆假日，每逢朋友聚会，每逢重逢别离，大家围成一圈必定先唱这首歌，它成了一曲友谊的赞歌。

歌曲赏析：

这是一首古老的苏格兰民歌，歌颂的是真挚持久的友谊。Auld lang syne 是苏格兰方言，相当于现代标准英语的"old long since"，即"昔日"之意。它源自于苏格兰杰出的民族诗人 Robert Burns 的一首同名抒情诗"友谊地久天长"。这首歌的译名很多，有根据原题译为《忆往日》、《过去的好时光》的，有根据词意取名为《友谊之歌》或《友谊地久天长》的，也有根据影片《魂断蓝桥》出现此曲时的情景而取名《一路平安》的。

这首 *Auld Lang Syne* 在英国很早就成为朋友离别时的仪式歌曲。唱到最后一段歌词时，围成圈子的人们双手交叉互握。随着音乐的节拍，反复把手举起又放下。这个习俗也传到了国外。瑞士的童子军组织1934年演唱这首歌时，就作了同样的表演。不过，这首歌曲在世界各地广为流传，并被中国人所熟知，却是在1940年好莱坞电影《魂断蓝桥》（*Waterloo Bridge*）将它作为插曲之后。影片由好莱坞名影星费雯丽和罗勃·泰勒主演，故事发生在第一次世界大战期间，一位英国军官在防空洞里结识了一位姑娘，空袭警报解除后，他们一起来到一家小酒店，互相谈了各自的身世和理想，并产生了爱情。夜深了，酒店的乐队演奏起最后的曲子（就是这首民歌，但影片把它改编成三拍子的圆舞曲），客人们纷纷走向舞池。在音乐声中，大厅里的蜡烛一支支熄灭。影片这一情景留给观众印象非常之深，以至于后来有许多人把这首歌作为依依惜别的音乐。每当这首曲子响起，便知道到了该分手的时候了。

第十章 艺术歌曲

一、艺术歌曲概述

艺术歌曲是一个专有名词，它指的是另一种具有鲜明特点的歌曲体裁，而不是泛指一般具有艺术性的歌曲，如通俗歌曲、民间歌曲、儿童歌曲、歌剧选曲等。艺术歌曲一向被看成是严肃音乐（或称高雅音乐）的重要体裁，有悠久的音乐传统和很强的艺术感染力，是一种足以与歌剧或教堂音乐平分秋色的传统声乐艺术品种。

艺术歌曲原意是特指浪漫时期的德国歌曲，产生于 19 世纪。当时以舒伯特为代表的音乐大师们创作了无数的歌曲精品，形成了具有鲜明个性特点的歌曲形式，这一时期的歌曲往往被指为艺术歌曲，也有人称之为"德国艺术歌曲"。歌德、席勒、海涅等伟大的文学家们为歌曲创作提供了无数优美的诗歌，如歌德的《野玫瑰》、《魔王》，海涅的《乘着歌声的翅膀》、《我的影子》，席勒的《渔童》，雨果的《当我入梦》，缪勒的《紫罗兰》，等等。舒伯特的《冬之旅》、《美丽的磨坊女》等套曲都来自缪勒的诗歌。优秀诗人们的作品本身就具有非常优美的韵律、节奏，丰富的情感，多变的形式，为音乐家们创作优秀的艺术歌曲奠定了极其有利的基础。浪漫时期音乐艺术百花齐放，相互影响，更促进了歌曲艺术的发展。总的来说，德国艺术歌曲的确开创了世界音乐的新纪元，在世界音乐中占了重要的地位，以至于它的名称"Lied"得到了广泛的承认而且通用于其他国家的语言中。

艺术歌曲的音乐具有较高的抒情性和艺术性，歌唱部分的旋律性很强，流畅精致，浪漫严谨，着力揭示歌词的诗情画意，委婉起伏，使音乐与诗篇完全融为一体。歌唱旋律的起伏与节奏来源于歌词，但又不同于歌词。作曲家用音乐的线条使歌词自然地得到发挥。诗词的内涵在音乐的表现形式中升华，审美境界得到充分展示。事实上，无论是抒情性或叙事性的歌唱旋律，都倾注了作曲家的感情体验和对音乐中的文学历史、审美境界的深刻理解与追求。

音乐对歌词的处理可有变化，即每段歌词所配旋律或相同或不同。这要根据诗篇内容发展的线条需要而决定。在艺术歌曲中有独立成曲的，也有因内容需要组合成为"套曲"的。

艺术歌曲十分强调伴奏的作用（一般都采用钢琴伴奏），偶尔也有室内乐队伴奏的形式。其地位和声乐旋律同等重要，而不只是起和声、节奏衬托的作用，往往通过充分发挥钢琴的艺术表现力，用特定的音型或复杂、精致的织体来塑造歌曲的背景，刻画歌曲情感，烘托歌曲气氛，描绘和补充形象，与歌者交流对话等，使歌唱与伴奏融为一体，表现出歌曲的意境与内涵。如舒伯特歌曲的钢琴伴奏，不仅风格多样，更充满着显著的和声色彩及大胆的调性对比，具有很高的艺术价值，也导致了一场钢琴伴奏艺术歌曲的革命。在某些艺术歌曲中，钢琴伴奏的比重甚至超越了歌唱部分，歌唱旋律似有"解释"钢琴伴奏的倾向。

顺应着历史的潮流，艺术歌曲也随着时代的发展而发生了很大的变化，首先在观念上目前的艺术歌曲的含义不再局限于浪漫时期的德国歌曲，它应该是比较广泛的一种具有自身特点的音乐形式。无论哪个时代、哪个国家或民族的优秀歌曲都可以称之为艺术歌曲，而且不同时代、不同民族的艺术歌曲，清晰地体现出该时代的特点和该民族的情感表达方式、文化传统和风格。如东方民族的秀丽，北欧民族的清新，法国的浪漫，西班牙的热情，俄罗斯的宽厚，都无不在音调中表现得淋漓尽致。我国的艺术歌曲创作是在外来的影响下逐步发展起来的，20世纪30年代以来，曾产生过不少优秀的艺术歌曲，传唱至今，一直深得人心，如黄自的《玫瑰三愿》、《花非花》，赵元任的《教我如何不想他》和青主的《我住长江头》等都代表着艺术歌曲的风格，比较典雅，人文气较浓。还有人民音乐家聂耳、冼星海、贺绿汀等人创作的《铁蹄下的歌女》、《黄河颂》、《嘉陵江上》等都反映着那个时代的艺术思想水平和音乐文化水平。新中国成立以来，艺术歌曲这一体裁得到了更广泛的发展，王世光的《长江之歌》，施光南的《祖国慈祥的母亲》、《吐鲁番的葡萄熟了》，铁源创作的《在那桃花盛开的地方》，等等，均在艺术歌曲的行列中熠熠闪光。

艺术歌曲的曲式结构比较严谨、规范，有呼应、有发展、有整体感，是一种高度浓缩的音乐小品，在欣赏或演唱时要非常注意细节，因为每个字、每个音都有特意的安排，不能过分自由和松散。

艺术歌曲要求演唱者具备较高的演唱技巧与艺术修养，并具有良好的音质、音色，清晰的咬字。艺术歌曲一般采用西洋的美声演唱方法和风格来演绎。演唱艺术歌曲需要细腻、准确和精美，并不需要炫耀华丽的唱腔和艰深的技巧，它非常讲究音色的变化、音量的控制与恰当的情绪表达。由此可见，演唱者的艺术修养、文学功底和独到的理解力就显得尤为重要。因此，能否唱好艺术歌曲是衡量一名优秀歌唱家的重要标准。

二、歌曲精选

（一）中国部分

1.《花非花》

花 非 花

[唐]白居易 词
黄 自 曲

1=D 4/4
行板 温柔

| 5 6̲5̲ 5 3 | 1̇ 2̲1̲ 1 6 | 5 5̲1̲ 6. 5 | 3 2̲1̲ 2 — |
| 花 非 花 雾 非 雾， 夜 半 来 天 明 去。|

| 2 3̲6̲ 5 | 5 2̲1̲ 6 — | 1̇ 6̲1̲ 5 3̲5̲ | 2/4 2. 3 | 1 — ‖ |
| 来 如 春 梦 不 多 时， 去 似 朝 云 无 觅 处。|
pp

歌曲简介：
这首歌曲是黄自根据著名诗人白居易的诗而创作的一首短小而精美的艺术歌曲。歌曲采用四句体乐段结构。在词曲结合中较好地采用依字行腔，使歌曲犹如在吟诗，给人以无限的柔美感。

演唱提示：

注意正确运用气息，用缓吸缓呼的方法，在平稳气息的支持下，柔和、连贯地歌唱。歌曲结束处注意速度和力度的变化，建议加强中低音区的练习，声音要圆润、结实，并正确使用胸腔共鸣。

2.《芦花》

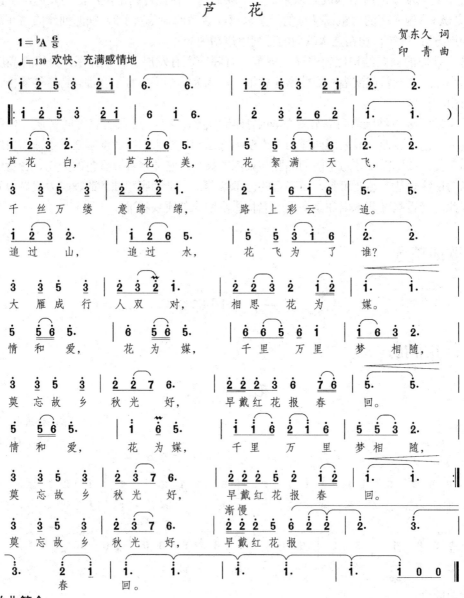

歌曲简介：

这是一首优美舒缓的抒情女高音歌曲，具有很强的艺术性，节奏为三拍子，借喻芦花赞颂纯洁高尚的爱情。此曲由6句组成，开始抒情缓慢的旋律展现了洁白的芦花静悄悄地开放，随着微风与白云共同漫天飞舞的迷人景象。

3.《爱在天地间》

爱在天地间

邹友开 词
孟庆云 曲

1=♭G 4/4
♩=70 安静

情未了，像春风走来，爱无言，像雪花，悄悄离去，
彼此间我们也许不曾相识，爱的呼唤让我们在一起。
情未了，像春风走来，爱无言，像雪花，悄悄离去，
彼此间都把真情埋在心底，爱的故事才这样美丽。

在一起，穿过了风和雨，在一起，走来了新天地。

这份情，希望了人间，这份爱，温暖在你我心里。

（伴唱）

冬去春来情感日历 翻过一页又一页，写满爱的日记，爱的日记，

[乐谱：冬去春来 爱的脚步 走了一程又一程，走到何方 我也不忘记。情未了，像春风走来，爱无言，像雪花，悄悄离去，彼此间都把真情埋在心底，爱的故事才这样美丽！]

歌曲简介：

《爱在天地间》由著名词作家邹友开作词，孟庆云作曲，祖海在 2003 年央视春晚首次演唱。但是，歌曲被广泛传唱是在 2003 年 4 月之后。当时，面对突如其来的"非典"疫情，广大医务工作者用爱心和勇气展开顽强抗争。《爱在天地间》成了抗"非典"医务工作者的赞歌，也成了对生命真情的赞歌。之后，在 2008 年春节期间抗击冰雪灾害时，这首歌被录制成抗击冰雪灾害的 MV，再次被广为传唱；汶川大地震时，《爱在天地间》的旋律又一次响起。在国家和人民遭遇危难的时刻，这首歌一次次响起，鼓舞着英雄的中国人民。

4.《多情的土地》

多情的土地

任志萍 词
施光南 曲

$1=\flat E$ $\frac{2}{4}$
慢 深情地

[乐谱]

1. 我深深地爱着你，这片多情的土地，我
2. 我深深地爱着你，这片多情的土地，我

歌 唱 篇

演唱提示：

　　这是一首具有很强的艺术感染力的歌曲，曲调流畅优美，抒发了人民对祖国的无限热爱之情。演唱时注意气息和声音的控制，要求有发自内心的咏叹，保持连贯圆润的声音色彩，深情地抒发人民对祖国的无限热爱和赞美之情。

5.《飞来的花瓣》

飞来的花瓣

（合唱）

望 安 词
瞿希贤 曲

1=♭E 4/4
行板

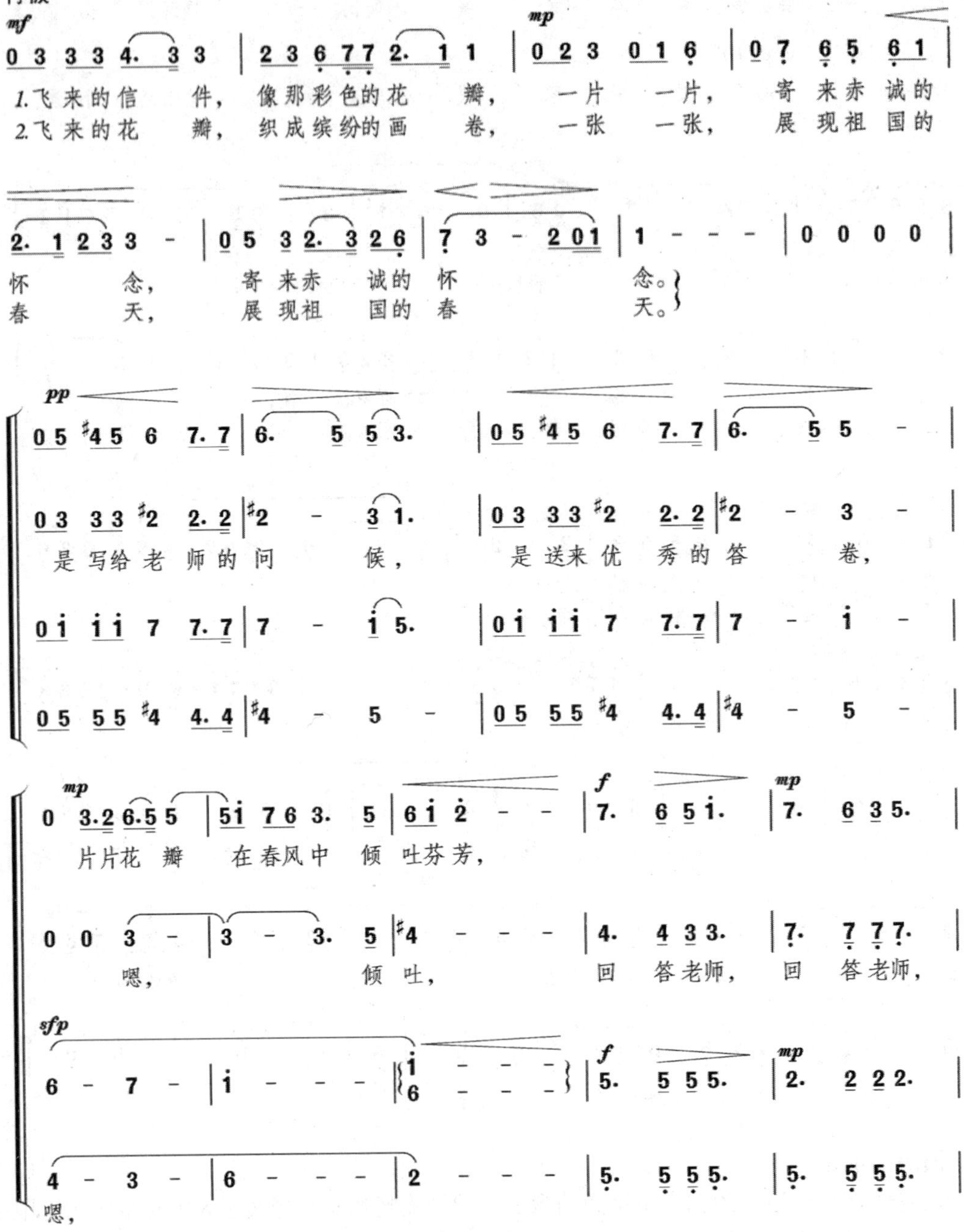

歌 唱 篇

$\begin{array}{l}\text{7. }\underline{6}\,\underline{5}\,3\mid\underline{35}\,\underline{23}\,2.\,\underline{6}\mid\underline{7}\,3\,-\,\underline{201}\mid\overset{1.}{1}\,-\,-\,-\mid 0\;0\;0\;0\mid\\\qquad\text{当 年 的 祝 愿。}\end{array}$

7. 6̣ 5̣ 3 | *sfp* 6 - - - | 5 - - - | 5 - - - | 0 0 0 0 |
回 答 老 师 嗯。 祝 愿。

7. 6̣ 5̣ 3 | *sfp* 4 - - - | 4 - - - | 3 - - - | 0 0 0 0 |

7. 6̣ 5̣ 3 | 2 - - - | 5̣ - - - | 1̣ - - - | 0 0 0 0 |
嗯,

|2.
0 0 0 0 :|| 1 - - - | *mp* 7. 6̣ 5̣ 1. | 7. 6̣ 3 5. | 3. 2̣ 1̣ 6̣ |

0 0 0 0 :|| 5̣ - - - | 4. 4̣ 3 3. | *pp* 7. 7̣ 7̣ 7. | 3. 2̣ 1̣ 6̣ |
愿。 回 答 老 师, 回 答 老 师, 回 答 老 师

0 0 0 0 :|| 3 - - - | *mp* 5. 5̣ 5̣ 5. | *pp* 2. 2̣ 2̣ 2. | 3. 2̣ 1̣ 6̣ |

0 0 0 0 :|| 1 - - - | 5̣. 5̣ 5̣ 5̣. | 5̣. 5̣ 5̣ 5̣. | 3. 2̣ 1̣ 6̣ |

mp 6 2̣ 6̣ 1 7̣ 6̣ | *pp* 5 - - 4 0 3 | 3 - - - | 3 - - - ||

mp 6 - 6 6 | 7. 3̂ - 2 0 1 | 1 - - - | 1 - - - ||
当 年 的 祝 愿。

sfp 4 - - - | ⌢5 - - - | 5 - - - | 5 - - - ||
嗯,

2 - - - | ⌢5̣ - - - | 1̣ - - - | 1̣ - - - ||

歌曲简介：

这是一首以歌颂教师为题材的艺术歌曲。旋律优美抒情，和声凝重丰富。歌词充满诗意，意味深长。歌曲为两段体，第一乐段旋律优美、徐缓、深情款款；第二乐段在第一乐段的基础上音区逐渐升高，将歌曲进一步推向高潮，深情地歌颂了莘莘学子对老师的无比崇敬、无限思念和美好祝愿。

演唱提示：

（1）气息要控制适当，尤其在休止符的演唱上要注意做到声断气不断；

（2）注意歌唱力度的变化，感情的表达要细腻、内在；

（3）注意声部间的均衡和变化音的准确；

（4）和声层次性和整合性应表现得清晰、明朗。

6.《节日欢歌》

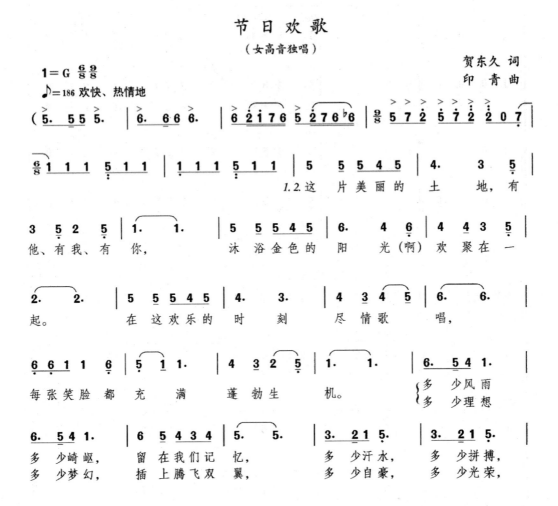

歌曲简介：

《节日欢歌》在圆舞曲风格的欢快而明亮的旋律中，凸显了赞美祖国、赞美生活的主题。

演唱者简介：

作为美声歌手阵营排头兵、享有"男戴（玉强）女王（莹）"美誉的王莹，近年来参加了央视众多大型文艺晚会，曾夺得央视音乐电视大赛美声 MV 作品金奖和内地美声女歌手最佳演唱提名金奖，其代表作《节日欢歌》、《幸福时光》等 MV 作品在各电视台曝光率极高，她的本职工作是解放军艺术学院的声乐教师，作为著名声乐教授马秋华的高足，她的声音条件极好，音质醇厚、音色饱满，尤其值得一提的是，她在美声歌曲演唱中大胆融入了民歌的因素，首开"民美唱法"之先河，被有关专家誉为"漂亮美声"。具有代表性的就是她这次获奖的 MV 作品《节日欢歌》。说起"漂亮美声"，王莹说，美声作品并不一定意味着要高高在上、拒人于千里之外，过于阳春白雪只能曲高和寡。因此，在给自己定位时，她积极吸收民族的东西，努力缩短与听众的距离，并试图走出一条独特的道路来。

7.《望月》

望　月

（女声独唱）

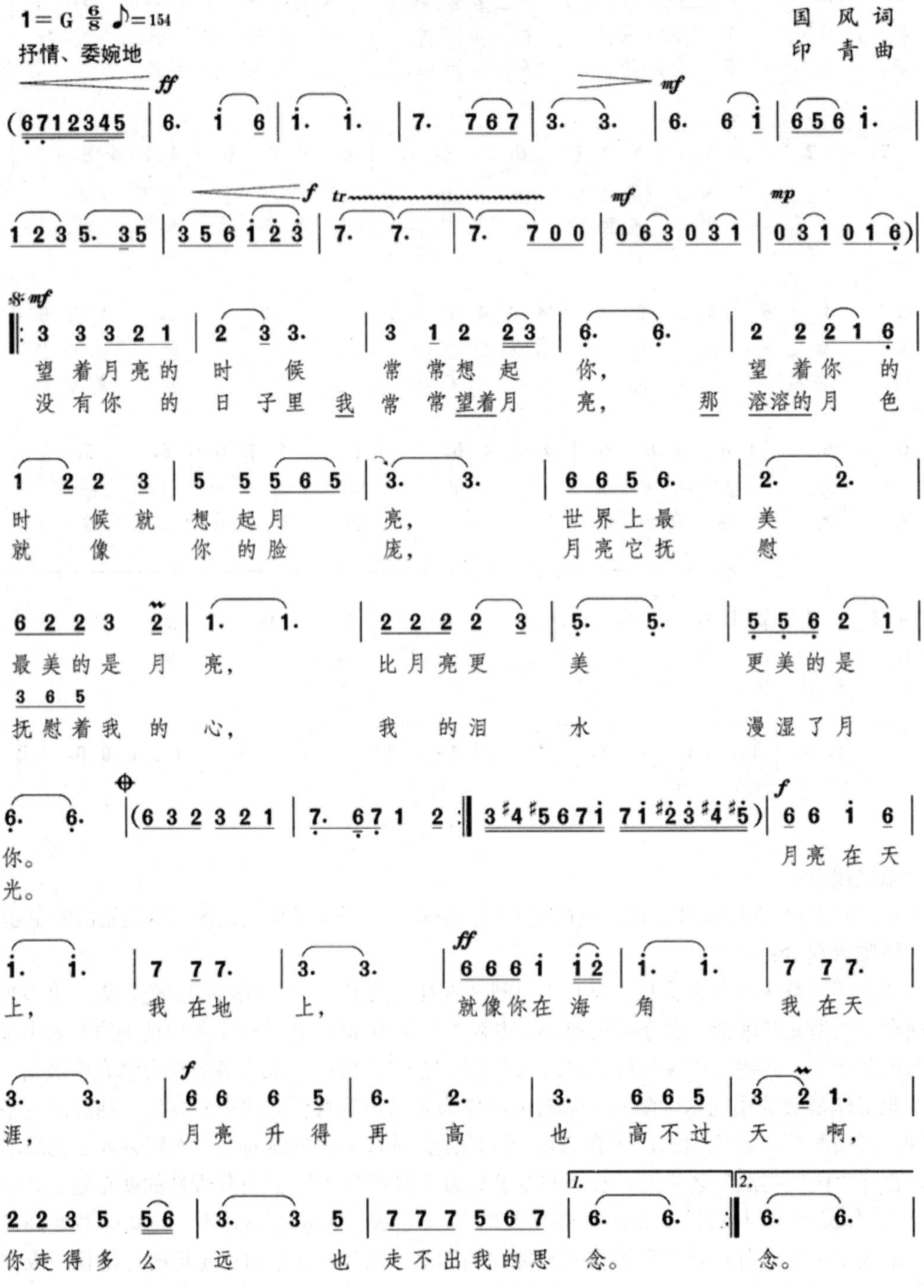
1=G 6/8 ♪=154
抒情、委婉地
国 风 词
印 青 曲
望着月亮的时候 常常想起你， 望着你的时候就想起月亮， 世界上最美 最美的是月亮， 比月亮更美 更美的是你。
没有你的日子里 我常常望着月亮， 那溶溶的月色就像你的脸庞， 月亮它抚慰 抚慰着我的心， 我的泪水 漫湿了月光。
月亮在天上， 我在地上， 就像你在海角 我在天涯，
月亮升得再高 也高不过天 啊，
你走得多么远 也走不出我的思念。 念。

注：⊗号以后只唱第一段词，不作小反复接结束句。

歌曲简介：
　　《望月》是比较抒情的一首歌曲。歌词朴实简洁，曲子纯净深远。宋祖英发挥她细腻柔美的嗓音，将人间的真情、大爱轻轻吟唱。歌声里，能听到一种深情。那不是悲伤或快乐的情绪，它是一种世间的大爱，是人们心灵相通的真情爱恋。每个人都遇到过，也奉献过。生活再怎么世俗功利，也要相信世间美好的一切。它们都单纯地存在过，或一直存在着。

8.《为了谁》

(乐谱:第一部分)

6 - - 3 5 ‖: 6 - - 3 5 | 6 - - 3 5 | 6 6 1 6 5 6 |
回？　你是谁，　为了谁，　我的战友你何时

5̇ 3 - - 3 5 | 6 - - 3 5 | 6 - - 3 5 | 6. 6 6 5 3 6 1 |
回？　你是谁，　为了谁，　我的兄弟姐妹不流

2 - - 6 1 | 2 - - 2 3 | 7 - - 3 5 | 6. 5 6 6 1 | 2. 3 5 3 5 |
泪！谁最美，　谁最累，　我的乡　亲，我的战　友，我的

6. 3 2 2 7 | 7. 6 - - 3 5 :‖ 7. 6 - - 5 | 5̇ 6 - - - | 6 - - - | 6 ‖
兄弟姐　妹。　你是妹，　姐妹。

歌曲简介：

这首歌曲由孟庆云作曲，邹友开作词。歌曲歌颂了武警战士在 1998 年抗洪抢险中用生命保护人民生命财产的动人事迹。此曲旋律优美、深情，富于浓郁的民族风格，表达了对人民子弟兵的无限热爱与感激之情。采用小调式写成，二段体结构。

演唱提示：

演唱时气息要饱满，用真挚的感情充分表达出人民对子弟兵的深情厚爱。后半段"你是谁，为了谁"部分是全曲的高潮，声音要舒展，音色要有层次变化。

9.《我爱梅园梅》

我爱梅园梅

瞿琮 词
郑秋枫 曲

1=D 4/4
中速　怀念、深情地

(5 3 5 6 1. 2 | 3 5 2 1 7 1. 7 | 6. 1 5 2 3. 4 3 2 | 1 - 2 3)|

5. 6 1. 2 | 6 5 3 2 1 - | 6 3 2 3 1 6 | 5 3 5 - - |
不　唱　黄　山的松，　不唱西湖的水，

1. 3 2 1 | 7 6 1 5. 3 | 2 6 5 3 2 1 | 3 - - - |
石头城里歌一曲，　我唱梅园的梅。

歌 唱 篇

$\dot{1}\cdot\dot{2}\,3\,\dot{1}\,|\,7\,6\,\dot{1}\,\dot{2}\cdot\,3\,|\,4\,6\,5\,3\,2\,1\,|\,1\,-\,-\,-\,|$
石　头　城里　歌一　曲，　　我唱梅园的梅。

$\|\colon 3\cdot\,5\,2\cdot 3\,2\,1\,|\,3\,-\,-\,5\,|\,6\,3\,2\,3\,1\,6\,|\,5\,3\,5\,-\,-\,|$
梅　园　　的　梅，　　梅　园 的 梅，
梅　园　　的　梅，　　梅　园 的 梅，

$\dot{1}\,\dot{1}\,7\,6\,\dot{1}\,\dot{2}\,|\,3\cdot\,5\,3\,2\,|\,6\,6\,5\,3\,2\,1\,|\,2\,-\,-\,-\,|$
腊月里开　　花，　　　三九天吐　蕊；
它比杜鹃　　红，　　　它比牡丹　美；

$5\cdot\,3\,2\cdot 3\,2\,1\,|\,3\,-\,-\,5\,|\,\dot{1}\cdot\,7\,6\cdot 7\,6\,5\,|\,6\,-\,-\,-\,|$
梅　园　　的　梅，　　梅　园　的　梅，
梅　园　　的　梅，　　梅　园　的　梅，

$5\,5\,6\,\dot{1}\,\dot{1}\,|\,\dot{1}\cdot\,2\,3\,-\,|\,6\,3\,2\,3\,1\,|\,2\,-\,-\,\dot{1}\,\dot{2}\,|$
不怕霜雪　打，　任凭寒风　吹。　啊！
笑在百花　前，　昂首迎春　归。　啊！

$3\cdot\,5\,2\cdot 3\,2\,1\,|\,\overset{7}{1}\,-\,-\,7\,|\,6\cdot\,7\,6\cdot 7\,6\,3\,|\,5\,-\,-\,-\,|$
周　总　　理　　当年住梅园，
周　总　　理　　光辉照梅园，

　　　　　　　　　　　　　　　　　　　　　　（2 3
$2\cdot\,3\,4\,6\,|\,5\cdot\,3\,2\,1\,|\,3\cdot\,5\,2\,3\,2\,1\,|\,1\,-\,-\,-\,|$
红梅向阳　开，　品格多高　贵。
年年梅花　开，　盼望总理　归。

$5\,3\,5\,6\,\dot{1}\,6\,\dot{1}\,\dot{2}\,|\,\dot{3}\,5\,\dot{2}\,\dot{1}\,\dot{1}\,6\,5\,|\,2\cdot\,3\,4\,6\,3\,5\,2\,1\,|\,1\,-\,-\,-\,)\,\|$

$5\cdot\,6\,\dot{1}\cdot\,\dot{2}\,|\,6\,5\,3\,2\,1\,-\,|\,6\,6\,3\,2\,3\,1\,6\,|\,5\,3\,5\,-\,-\,|$
看不够　万　山松，　望不尽千江　水，

$\dot{1}\cdot\,3\,2\,\dot{1}\,|\,7\,6\,\dot{1}\,5\cdot\,3\,|\,2\,6\,5\,3\,2\,1\,|\,3\,-\,-\,-\,|$
石头城里唱颂歌，　我爱梅园的梅。

$\dot{1}$. $\dot{2}\dot{3}$ $\dot{1}$ | 7 6 1 5 - | $\dot{3}$ $\dot{5}$ - - | 2. 3 2 1 |

石　头　城　里　唱　颂　歌，　　　我　爱　　　　梅　园　的

$\dot{1}$ - - 7 | 6. 7 6 5 4 6 4 3 | 2. 3 5 - | 3. 5 2. 3 2 1 | $\dot{1}$ - - ‖

梅，　　　　　　　　　我　爱　梅　园　的　梅！

演唱提示：

歌曲为带再现的三段式结构，全曲通过歌唱梅花来赞颂周总理的高尚品格，曲调抒情感人，演唱时要感情真挚，情绪饱满，结束处的拖腔要注意气息和声音稳定。

10.《我和我的祖国》

我和我的祖国

1=F 6/8

张藜 词
秦咏诚 曲

庄重、深情地

5 6 5 4 3 2 | 1. 5. | 1 3 $\dot{1}$ 7 6. 3 | 5. 5. | 6 7 6 5 4 3 |

1.我 和 我 的 祖 国，　　一刻也不能 分 割，　　　　无论我走到
2.我 的 祖 国 和 我，　　像海和浪花一 朵，　　　　浪是那海的

2. 6. | 7 6 5 5 1. 2 | 3. 3. | 5 6 5 4 3 2 | 1. 5. |

哪　里，　都流出一首赞　歌。　　　　我歌唱每一座高　山，
赤　子，　海是那浪的依　托。　　　　每当大海在微　笑，

1 3 $\dot{1}$ 7 2. $\dot{1}$ | 6. 6. | $\dot{1}$ 7 6 5. | 6 5 4 3. | 7 6 5 2 |

我歌唱每一条 河，　　袅袅炊烟，　小小村落，　路上一道
我就是笑的漩 涡，　　我分担着　海的忧愁，　分享海的欢

1. 1. | $\dot{1}$ 2 3 2 $\dot{1}$ 6 | 7 6. 3 5. 5. | $\dot{1}$ 2 3 2 $\dot{1}$ 6 |

辙。　　我最　亲爱的　祖　国，　　我永远紧依着
乐。　　我最　亲爱的　祖　国，　　你 是 大 海

7 5. 3 6. 6. | 5 4 3 2. | 7 6 6 5 3. | 4. 2 1 |

你的心窝，　　你用你那　母亲的脉搏　和 我 诉
永不干涸，　　永远给我　碧浪清波　心 中 的

（曲谱片段）

说。 我最亲爱的祖国，你是大海
歌。 永不干涸，永远给我 碧浪清波 心中的歌。

歌曲简介：

  这是首欢乐流畅、一气呵成的歌。由于它热情讴歌了改革开放的社会主义祖国，表达了中华儿女对祖国赤诚忠贞的爱，同时音调又是那样地朗朗上口，因而从此歌诞生之日起，就一直很受歌唱演员和广大听众的欢迎，成为大型晚会、节庆性演出和电视节目中经常可以听到的曲目。

演唱提示：

  这是一首歌颂祖国、表达人们对祖国挚爱的创作歌曲，全曲为二段式结构。A段旋律流畅，节奏轻快活泼，感情朴实真切；B段曲调起伏跌宕，激情昂扬，然后趋于平静，抒发了人们对祖国最深切的爱。演唱时饱满圆润的声音应充满着对祖国无限热爱的感情，要求既流畅又明亮。

11.《月之故乡》

月之故乡

彭邦桢词
刘庄、延生曲

$1=F$ $\frac{4}{4}$

（曲谱）

天上一个月亮，水里一个月亮，天上的月亮在水里，水里的月亮在天上。天上一个月亮，水里一个月亮，天上的月亮在水里，水里的月亮在天上。

(6̇ 1 7̇ 3 - | 6̇ 1 7̇ 6 3 - | 2 2 1 2 3 6̣ | 1 7̣ 6̣ 5̣ 6̣ -) | 3. 5 6 7 5 |
　　　　　　　　　　　　　　　　　　　　　　　　　　　　　　低　头　看　水

6 - 3 - | 5 5 3̇ 2̇ 3̇ ♯4̇ | 3 - - - | 2 2 3 6̇ 1̇ | 2̇ 4̇ 3̇ 2̇ 3̇ 1̇ |
里，　　抬 头 看 天 上。　　看 月 亮 思 故 乡，

7̣ 7̣ 6̣ 5̣ 2 | 1 7̣ 6̣ 5̣ 6̣ - | 6. 5 6̇ 1̇ 7̇ | 6̇ 7̇ 5̇ 6̇ - |
一 个 在 水 里，一 个 在 天 上，　看 月 亮　思 故 乡

5 5 3̇ 2̇ 3̇ ♯4̇ | 3 ♯4̇ 3̇ 2̇ 3̇ - ‖: 2 2 3 6̇ 1̇ | 2̇ 4̇ 3̇ 2̇ 3̇ 1̇ |
一 个 在 水 里，一 个 在 天 上，　看 月 亮，思 故 乡，

7̣ 7̣ 6̣ 5̣ 2 | 1 7̣ 6̣ 5̣ 6̣ - :‖ 1 7̣ 6̣ 5̣ 6̣ - | 6̣ - 0 - ‖
一 个 在 水 里，一 个 在 天 上。　一 个 在 天 上。

演唱提示：

歌曲在创作上运用了雅乐羽调式，旋律由高而低，表现了浓浓的思乡情。结尾处高潮部分的补充段更使人感到乡情的内涵。在演唱时要把握情绪，控制好气息，声音柔和平稳。

12.《越来越好》

越来越好

1=♭A 2/4　　　　　　　　　　　　　　　　　　　　车　行 词
♩=104　　　　　　　　　　　　　　　　　　　　　　李　昕 曲

(1 3 3 1 3. 5 | 1 3 3 1 3 | 1 3 1 3 | 1 6 1 6 5 | 5 7 7 5 7. 2 | 5 7 7 5 7 | 2 5 5 2 7 4 4 3 | 0 1 1 1)|

1 1 3. 5 | 1 1 5. 5 | 1 3 3 2 | 1 5 | 1 1 3. 5 | 1 1 5. 5 | 1 3 3 2 |
房子大 了 电话小 了 感觉越来 越 好，道路宽 了 心气顺 了 工作越来
婆媳和 了 家庭暖 了 日子越来 越 好，孩子高 了 懂事多 了 学习越来

1. 2 2 | 1 1 4. 6 | 4 4 1. 1 | 4 6 6 5 | 4 1 | 7 2 5. 5 | 2 2 7. 7 |
越　好，商品精 了 价格活 了 生活越来 越 好，天更蓝 了 水更清 了
越　好，朋友多 了 感情厚 了 大家越来 越 好，百姓富 了 民族强 了

5 4 3 2 | 3 1 | 3 5. | 5 - | 6. 5 6. 5 | 5 1 | 5 6. 5 |
心情越来 越 好 } 哎！　　越　来　越 好 来 来 来
国家越来 越 好 }

歌曲简介：

这是一首节奏明快，激情四溢，脍炙人口的歌曲，经过著名歌唱家宋祖英的演唱，已是家喻户晓。从这首作品的内涵到歌唱家对作品的再创作和演绎处理，都恰到好处地表达了我国人民在改革开放以来，享受无限美好生活的欢快心情和幸福的笑容天天挂眉梢的喜悦情怀。

13.《祝福祖国》

祝福祖国
（女声独唱）

清风 词
孟庆云 曲

$1=\flat E$ 4/4
♩=58
深情、赞美地

1.都说你的花朵真红火，都说你的果实真丰硕。都说你的土地真肥沃，
2.都说你的信念不会变，都说你的旗帜不褪色。都说你的苦乐不曾忘，

[乐谱片段]

都 说 你 的 道　路　　真 宽　阔。　　　祖
都 说 你 的 歌　声　　永 不　落。　　　祖

国，　我的祖　国，　　祝福你，　　我的祖
国，　我的祖　国，　　祝福你，　　我的祖

国！　　我 把壮丽的青春　献 给　你，
国！　　我 把满腔的赤诚　献 给　你，

1.2.
愿你 永远年轻，永远 快乐。 愿你 永远坚强，
愿你 永远坚强，永远 蓬勃。 D.S.

永远蓬勃，　蓬　勃！

歌曲简介：

这是由孟庆云作曲、清风作词的一首抒情歌曲，全曲旋律优美、流畅、抒情，表达了华夏儿女对祖国的美好祝愿和无限热爱。歌曲分 A、B 两个乐段，采用变换拍子的创作手法。

演唱提示：

演唱时高音要有良好的头腔共鸣，并注意一定的润腔技巧。歌曲对气息的控制要求较高，保持声音上下通畅，音色圆润明亮。A 段部分表达深情赞美，B 段部分表达祝福与颂扬。做到以情带声，表达出人民的深情厚意和美好愿望。

14.《祖国，慈祥的母亲》

祖国，慈祥的母亲

张洪喜 词
陆在易 曲

1=G 2/4 4/4
小柔板 深情地

谁 不 爱　自 己 的 母　亲，　用 那
谁 不 爱　自 己 的 母　亲，　用 那

[乐谱略]

歌曲简介：

  在改革开放以来诞生的众多抒情独唱歌曲中，此歌是深受广大歌唱演员和声乐爱好者喜爱和欢迎的一首。这支歌，召唤人们以"滚烫的赤子心灵"和"闪光的美妙青春"来热爱自己的祖国母亲。这对经历了无数坎坷曲折，在继往开来的大路上挺身前进的共和国的儿女来说，是多么想向祖国母亲表白的一片真情和忠诚啊！作曲家将发自肺腑的感情融入到动人旋律和整体音乐形象中去的细致用心，无疑为这一词作插上了高翔云天的音乐翅膀。

  全曲的音调是抒情而流畅的，非常适合于人声演唱。"亲爱的祖国"处，曲调自高而下，这是发自内心的感情的一个"浪峰"，接着是低了小三度的一个"模进"，再由此牵引出由"激动"向"抒情"闪回的此后的乐思，直到最后以"啦"（或"啊"）唱出的结束句。

演唱提示：

  此歌在表情上要求真诚、亲切、发自内心；在音乐性格上要求抒情和适度的戏剧性；最后的结束句则要唱得特别的抒情和有韵味，努力做到音虽止而情不断。所以演唱此歌，从技术上讲，气息的支持非常重要，舍此将达不到此歌所要求的"连音"（legato）的效果，而高音处又绝不能"冲"或出现喊叫的有损于音乐美的倾向。另外，此歌容易唱慢或越唱越慢，这将会影响到此曲的情绪基调，应加以注意。

15.《吐鲁番的葡萄熟了》

吐鲁番的葡萄熟了
（女声独唱）

瞿琮 词
施光南 曲

1=F 2/4
自由地 开阔

mf
(6 7 1̇ | 1̇· 7̇ 1̇ 7 | 6̇ 7̇ 6̇ 5̇ 6̇ 5 3̇ 4̇ 3̇ 2̇ 3̇ 2̇ | 1̇ 2̇ 1̇ 7 1̇ 7 6̇ 7̇ 6̇ 5̇ 6̇ 5 |

渐慢   慢中速 深情、优美地
                                              mp
3 — | 3 5 6 7 1 7 6 6 5 | 3 — | 3 5 6 7 1 7 6 | 6 6 3 6 3 6 |

0 1 1 7 1 7 6 ‖: 6 6 3 6 3 6 | 0 1 1 7 1 7 6) | 0 6 7 1 2 | 3· 2 4 3 3 |
                                                          1.克里木 参   军
                                                          2.葡萄园 几   度

0 3 4 5 6 | 5· #4 5 3 3 | 0 5 6 6 6 7 6 | 5· 6 5 4 5 3 3 | 0 2 3 2 1 3 2 |
去 到 边   哨，   临行时 种   下 了 一棵葡
春 风 秋   雨，   小苗儿 已   长 得 又 壮 又

(0 4 3 2 1 3 2
2 — | 2) 1 2 3 3 | 3· 2 3 4 5 6 6 | 6 6 5 6 5 4 3 | 5 4 3 2 1 0 7 |
葡，   果 园 的 姑 娘哦 阿娜尔 罕 哟
高，   当 枝 头 结 满了 果实   的 时候，

                                                 (6 6 3 6 3 6 | 0 7 1 2 3 4 5
6 7 1 2 3 3 | 3 2 4 3 2· 2 | 2 1 3 2 1 7 6 | 6 — | 6 0 |
精 心 培 育 这 绿   色 的 小   苗。
传 来 克 里 木 立   功 的 喜   报。

mf
6 6 3 6 3 6 | 0 1 1 7 1 7 6)
                              mf
6 — | 6 — | 0 5 6 6 6 | 6· 5 6 7 1̇ | 7 6 7 6 5 3 |
啊！   引 来 了 雪   水 把 它 浇
啊！   姑 娘 啊 遥   望· 着 雪 山 哨

歌曲简介：

这是一首歌唱一对维吾尔族青年男女健康、纯真爱情的歌，但它却不是用直白的手法来简单地表现。虽然一首歌的容量不大，但在作者的精心构思下，却完整地叙述了一段有声有色的故事。克里木参军离乡奔赴哨卡前，在家乡的土地上栽下了一棵葡萄，姑娘阿娜尔罕细心周到地培育它。当棚架上垂下串串果实时,传来了克里木在边防前线立功的喜讯。于是两件事情促成了一个令人欣喜的结果:吐鲁番的葡萄熟了,阿娜尔罕的心儿醉了!歌词中虽没有一处提到"爱情"两个字,但处处都使人感到阿娜尔罕那颗跳动的心和那份炽热的情。

演唱提示:

全曲的音调、节奏均与维吾尔族的民间音乐有一定的联系。结构为 A+B 的二段式。在旋律中可看到大量的如 o xx xx | x. xxx x | 这样的节奏,这是从维吾尔族手鼓的拍打节律脱胎而来的,当它同娓娓如诉说般的动人音调结合在一起时,作曲者不落窠臼的创造性就会赫然把你吸引了。从"啊"处开始的 B 段,旋律跃动在稍高的音区,再像一弯细流一般委婉而下,演唱时应根据歌的内容注入或爽朗或绵延的感情。最后的结束句,力度的总趋向是越来越弱,但情感却并不能因之而趋平、趋淡,必须让人看到那成熟了的吐鲁番葡萄使得阿娜尔罕姑娘的心是如何地"醉了"又"醉"……

(二)外国部分

1.《悲叹小夜曲》

悲 叹 小 夜 曲

〔意〕E.托斯蒂 曲
尚家骧 译配

1=♭E 3/4
中板

| 1. 5 6 3 | 5 − 1 | 1 3 7 | 6 − 5 | 2. 3 4 1 |
往 日 的 爱 情 已 经 永 远 消 逝, 幸 福 的 回
他 的 笑 容 和 美 丽 的 眼 睛, 带 给 我 幸

| 7. 1 2 6 | 5 6 7 5 2 3 | 1 − − | 1 0 0 ‖ 1 2 3. 5 |
忆 像梦 一样留在我心 里! 但是幸 福
福 并照亮 我青春的生 命。

| 5 2 2 − | 2 3 4. 6 | 6 3 3. 1 | 1 − 7 6 | 5 3 1 2 3 5 |
不长久, 欢乐变 成忧愁, 那甜 蜜的 爱情从此就永

| 3 − 2 2 | 5 − 6. | 1 2 1 | 3 − − | 3 1 7 6 5 1 |
远 离开 我, 在 我心 里 只留下痛

p   渐强
| 4 − 2 3 4 | 5. 6 7 2 1 | 3. 4 5 7 6 | 6 2 2 − | 3. 5 4 3 2 1 |
苦, 我独自 悲伤叹 息, 时光白白 度过, 心 中悲伤地

[乐谱：原速 2 - 2 1 | 1 1 0 0 | 0 0 1 | 1 3 7 | 6 - 5 | 2. 3 4 1 |

叹　　息。　　　啊，太阳的光　芒，不　再照亮

7. 1 2 6 | 5 6 7 5 2 3 | 1 - 6 | 1 - 2 | 3 - - | 3 0 0 0 ||

我，它不再 照亮我的生　命！我　的　生命！]

歌曲简介：

歌曲为三段式结构，旋律起伏流畅，时而激动、时而伤感，表现出歌者不平静的心情，对过去幸福生活的怀念和失去爱情的痛苦。此曲常作为小提琴独奏曲广为流传，并命名为《托赛利小夜曲》。

演唱提示：

演唱时注意情绪和力度的变化，用优美抒情又略带伤感的声音，在结尾处加以半声和渐弱的演唱处理，给人以思念不断的感觉。

2.《美丽的梦神》合唱版

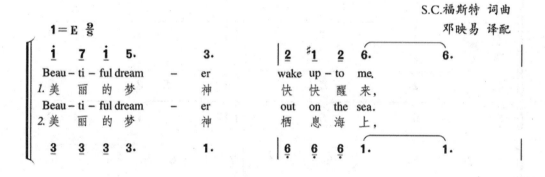

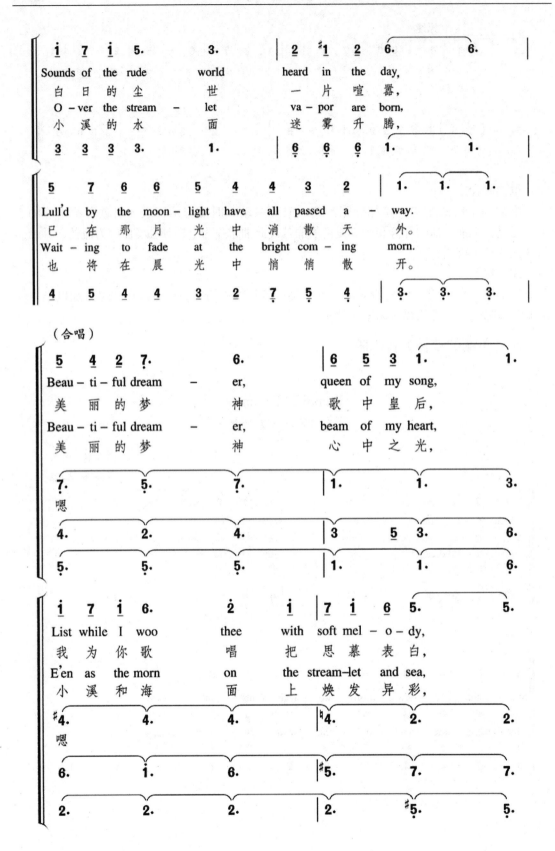

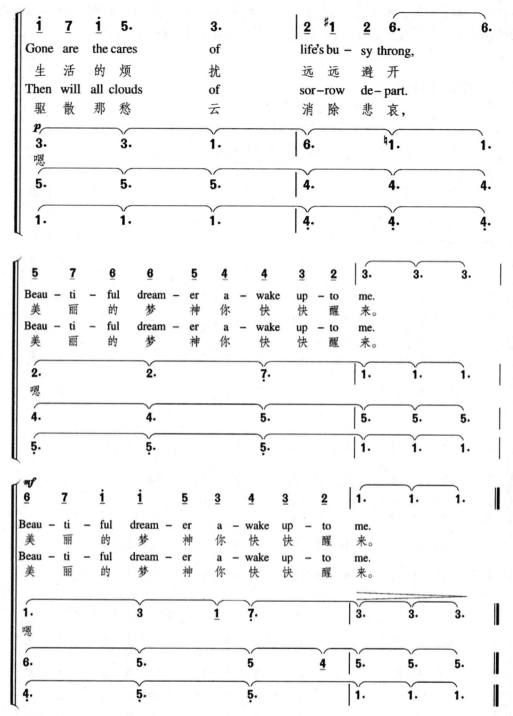

歌曲赏析：

《美丽的梦神》是美国作曲家斯蒂芬·福斯特（Stephen Foster）生前最后创作的一首歌曲，写于 1864 年他临逝世前，是他对自己短暂的创作生涯的一个总结。这一年，年仅三十七岁的福斯特孑然一身流落在纽约，远离故乡、亲人，在贫困潦倒中死去。"白天的喧哗已经消失，世事已完毕，不再繁忙，美丽的梦神来到身旁。”人们经过一天的辛劳，渴求平和安静的夜晚。人们经过一生的辛劳，渴望美丽的梦神永远伴随在自己身旁。

3.《婚礼进行曲》

Bridal Chorus From “Lohengrin”

婚礼进行曲

选自歌剧《罗恩格林》

瓦格纳 曲
索 叶 改编
邓映易 译配

1＝♭A $\frac{2}{4}$
行板

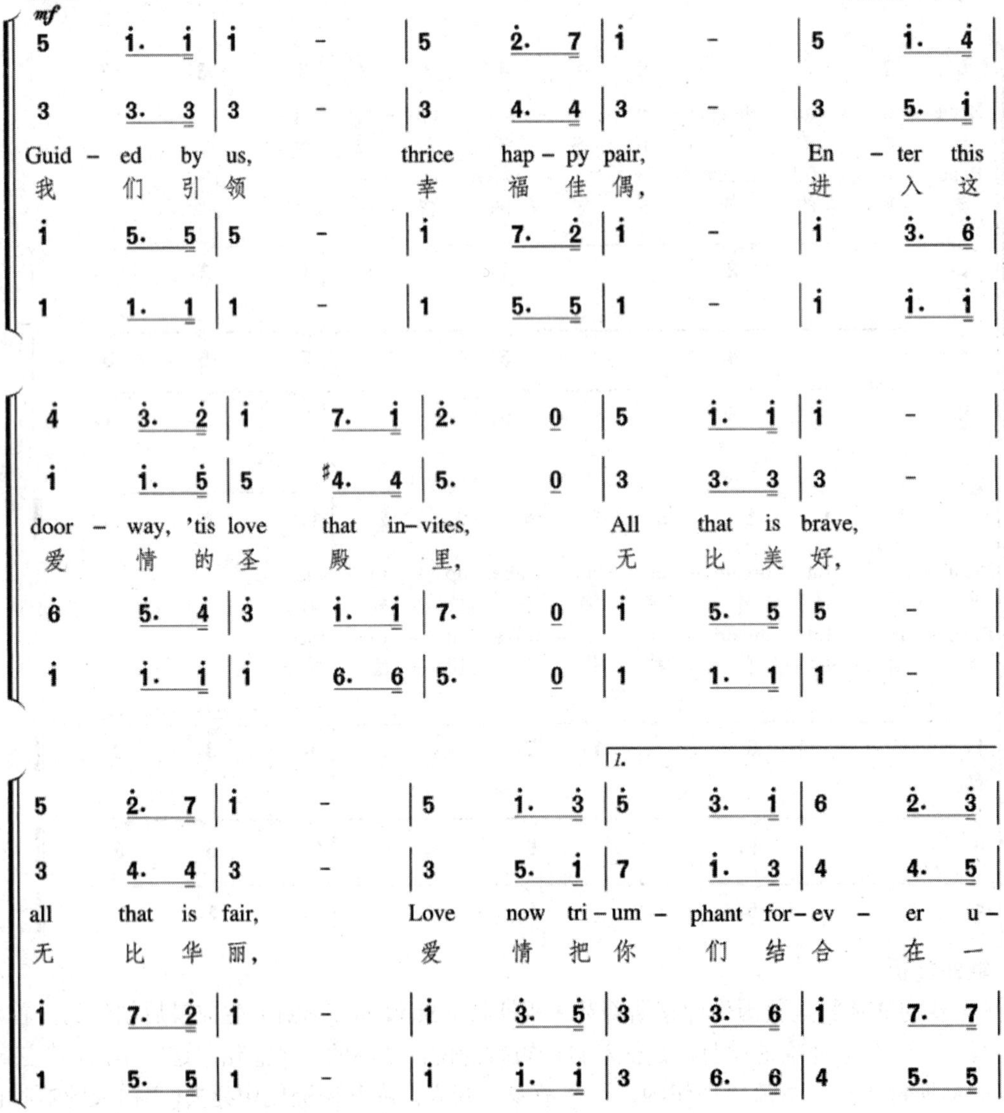
mf
Guid – ed by us, thrice hap – py pair, En – ter this
我 们 引 领 幸 福 佳 偶，进 入 这
door – way, 'tis love that in– vites, All that is brave,
爱 情 的 圣 殿 里，无 比 美 好，
1.
all that is fair, Love now tri – um – phant for– ev – er u –
无 比 华 丽，爱 情 把 你 们 结 合 在 一

歌唱篇

歌曲赏析：

  这首瓦格纳的《婚礼进行曲》，取自 1850 年的歌剧《罗恩格林》(*Lohengrin*) 第三幕开始时的一段混声合唱，在北美婚礼中这段曲目用于新人入场庆典时的音乐，因为此时新郎要在场地等候新娘入场，所以这段歌曲也被称为《新娘入场》(*Here Comes The Bride*)。

  下面介绍一些适合用在婚礼仪式上的音乐。

  婚礼上的音乐可以为婚礼营造出不同凡响的效果，运用好音乐，可以使婚礼更加个性化，良好的音响效果和漂亮的视觉效果加在一起，将感染所有的来宾，给他们留下深刻难忘的幸福印象。

  一般一场婚礼需要在三个时间放音乐：婚礼前、婚礼中和婚宴时。在宾客们入场、就坐和等候时放的音乐,至少应该准备放 45 分钟。仪式前的音乐是烘托气氛的,小提琴、钢琴或四重奏,浪漫的音乐是好的选择。当新人的婚礼队伍入场时,应该响起音乐。这时的音乐,只要能够和婚礼的气氛和风格相融合就可以。许多人都喜欢用婚礼仪式当中的音乐来表现自己的个性,所以任何风格的音乐都可以用。婚礼仪式举行完毕,音乐却不能就此停止,可以随心所欲地安排退场时的音乐,甚至可以很戏剧化,但请记住这种时刻是高兴的、喜悦的,应选一些欢快的、令人难忘的曲子。

婚礼所选择的音乐应该接近婚礼风格,假如婚礼是纯西式的,那么就不妨准备一些古典的音乐,当然不可缺少的是瓦格纳的《婚礼进行曲》。国外有两首《婚礼进行曲》,一首是瓦格纳歌剧《罗恩格林》中的一段乐曲——婚礼合唱曲,后被改编成管弦乐曲,在欧美各国家喻户晓。其影响与门德尔松的《婚礼进行曲》齐名,而在我国它甚至比后者更为大家所熟悉。现成为全世界通用的婚礼进行曲。

另一首是门德尔松为莎士比亚话剧《仲夏夜之梦》所作的《婚礼进行曲》。这是门德尔松最著名的《仲夏夜之梦》的第五幕前奏曲,这部门德尔松 17 岁时完成的作品,最初是他为莎士比亚的同名戏剧而作的一首四手联弹的钢琴序曲,因其美妙的幻想和浪漫的情趣而得到世人的喜爱,后来作曲家将它改编成了乐队作品。乐曲在小号奏出的一段号角性音调后,整个乐队以隆重而庄严的气势呈示出富丽堂皇的婚礼主题,表现了有情人终成眷属的喜悦,又传递着人们对新婚夫妻的祝福和对圣洁爱情的礼赞。

后来在西方,有时两首曲子同时在婚礼上使用——瓦格纳的《婚礼进行曲》用在新人步入礼堂时,而门德尔松的《婚礼进行曲》则用在婚礼结束新人走出礼堂时。

4.《欢乐颂》合唱版

Ode To Joy

欢 乐 颂

席 勒 词
贝多芬 曲
邓映易 译配

歌 唱 艺 术

```
3.    2  2  -  | 3    3    4    5  | 5    4    3    2  |
1.    7  7  -  | 1    5    6   ♭7  |♮7    6    5    6  |
     ly -  sium    heaven-ly  being, we  enter your  sanc-wary
      照    大  地，   我  们  心  中   充  满  热  情

5.    5  5  -  | 5    5    4    3  | 2    3    4      |
5.    5  5  -  | 1    1    1    1  | 4    4    4    4 |

1    1    2    3  | 2.   1    1   - ‖: 2    2    3    1 |
5    5    7    6  | 7.   1    1   - ‖: 7    5    5    1 |
in- to- xica- ted   with      fire.    Your spells reu-  hite that
来  到  你  的    圣   殿    里。        你  的  力  量

3    3    4    5  | 4.   3    3   - ‖: 5    7    1    3 |
5    5    5    5  | 5.   1    1   - ‖: 5    5    5    5 |

2  3̂4  3    1  | 2   3̂4  3    2  | 1    2    5    3 | 3    3    4    5 |
7  1̂7  1    1  | 7    7    7    5  | 6̂5 ♯4   5    5 | 5    5    6   ♭7 |
which was strict-ly   di - vi - ded  by  con-ven-tion;  all  men be-come
能  使  人  们    消  除  一  切    分         歧，  在     你  光  辉

4  3̂2  1    3  | 4   3̂2  3    3  | 3   2̂1   7    7 | 1    5    4    3 |
5    5    5    5  | 5    5   ♯5   3  | 6    2    5    5 | 1    1    1    1 |

5    4    3   4̂2 | 1    1    2    3  | 2.   1    1   - ‖
♭7   6    5   6̂6 | 5    5    7    1  | 7.   1    1   - ‖
bro- thers,    where your gen- tle  wing     rests.
照  耀  下    面    人  们  团  结    成   兄   弟。

1    2    3   4̂4 | 3    3    4    5  | 4.   3    3   - ‖
4    4    4   4̂4 | 5    5    5    5  | 5.   1    1   - ‖
```

贝多芬简介：

路德维希·凡·贝多芬（Ludwig van Beethoven，1770—1827年）

1792年，22岁的贝多芬从波恩来到维也纳，一直到他1827年逝世，他从未离开过这座对音乐家特别有吸引力的城市。贝多芬的绝大部分作品是在这里创作的。他的九部交响曲全都在维也纳举行了首演式。1805年，他唯一的一部歌剧《费德里奥》也在维也纳的国家歌剧院举行了首演。贝多芬被后人认为是有史以来最伟大的交响曲作家。他的《英雄交响曲》充满了激情。他的第九部交响曲取材于德国诗人席勒的《欢乐颂》，如今已经成为欧盟的盟歌。

辉煌的创作并不能掩饰贝多芬多难的一生。1802年，贝多芬由于逐渐丧失听力，悲愤之余，写下了一封可能是给他兄弟的遗嘱。激情满腔的禀性迫使他频繁地搬家。他在维也纳市区北部有温泉的地方留下了几十处居所。但是温泉最终还是无法挽救他的失聪，1819年，贝多芬的听力彻底丧失了。1827年，人们在魏林格墓地为他举行了隆重的葬礼。1888年，贝多芬的遗骨被安放到维也纳中央陵园。

贝多芬晚年频繁迁居，虽然留下了众多的故居，但是很多故居未能作为展览馆向游客开放。贝多芬当年喜欢居住在在名叫海里根施塔特的地方，离市区很远，在市区的正北方。1802年，贝多芬居住在这个城区，在这里创作了他第二部交响曲。同年十月，贝多芬在这里写下了《海里根施塔特遗嘱》，这是一封他写给两个兄弟的信，这封信并未寄出，如今仍然完好地被保存在这里。贝多芬的这处遗址如今被称为"海里根施塔特遗嘱屋"，周二至周日向游客开放。

帕斯克瓦尔蒂楼房是贝多芬居住时间较长的一处住所。1804—1815年间，贝多芬虽然数次离开这个居所，但是最后却又返回到此地。楼房的主人帕斯克瓦尔蒂是贝多芬的好朋友，每次贝多芬出走，他都吩咐佣人不要出租贝多芬的房间，因为"他总是会回来的"。在这里，贝多芬经历了创作的鼎盛期，他的第四、五、六部交响曲，第四钢琴协奏曲和歌剧《费德里奥》都是在这里创作的。

1827年，贝多芬去世时，众多的朋友和崇拜者前来吊唁。贝多芬被安葬在魏林格墓地。文学巨匠格里尔帕策曾经在悼词中说"贝多芬把他的一切献给了众人，从他们那里却一无所获，于是他就远离了众人"。能够让贝多芬瞑目九泉的是，舒伯特1828年也被安葬在此，与他相伴。人们为了纪念舒伯特这位年轻的天才音乐家，在魏林格墓地的旁边修建了一座舒伯特花园。如今，这座魏林格大街上的舒伯特花园是众多游客流连的地方。

1888年，两位音乐大师的棺木被一起移到中央陵园。如今，贝多芬被埋葬在中央陵园名人墓地32A的第29号墓穴中。

1880年，崇拜贝多芬的人们还为其建造了一座纪念碑。从此，这个地方更名为贝多芬广场。贝多芬塑像的周围围绕着九个小天使，象征音乐大师不朽的九部交响曲。

席勒简介：

席勒（1759—1805年），出身医生家庭，是和歌德齐名的德国启蒙文学家。他被敬为"伟大的天才般的诗人"、"真善美"巨人、"德国的莎士比亚"。

《欢乐颂》是席勒1785年夏天在莱比锡写的，那时他创作的戏剧《强盗》和《阴谋与爱情》获得巨大成功。恩格斯称《强盗》是"歌颂一个向全社会公开宣战的豪侠的青年"，《阴谋与爱情》则是"德国第一个具有政治倾向的戏剧"。然而，当时的席勒受到欧根公爵的迫害出逃在外，身无分文，负债累累，过着漂泊不定的生活。正在席勒走投无路的时候，莱比锡4个素不相识的年轻人仰慕席勒的才华，写信邀请他到莱比锡去，路费由他们承担。席勒接到信后立即从曼海姆出发，不顾旅途困顿和身体虚弱，走了8天来到莱比锡，受到4位陌生朋友的热情欢迎和无微不至的招待。《欢乐颂》就是在席勒感受了这种雪中送炭的温暖后，以万分感激的心情写出来的。

歌曲赏析：

作品大约创作于1819—1824年间，是贝多芬全部音乐创作生涯的最高峰和总结。D大调，4/4拍。这是一首庞大的变奏曲，充满了庄严的宗教色彩，气势辉煌，是人声与交响乐队合作的典范之作。通过对这个主题的多次变奏，乐曲最后达到高潮，也达到了贝多芬音乐创作的最高峰。乐章的重唱和独唱部分还充分发挥了四位演唱者各个音区的特色。

席勒的《欢乐颂》，因贝多芬的第九（合唱）交响曲而为人所知。贝多芬22岁时（1792）就有把这首长诗全部加以谱曲的想法，但当他53岁完成第九交响曲时（1823），他仅挑选了诗的第一节、第二节前半部分、第三节和第四节的后半部分作为末乐章的歌词。

贝多芬的第九交响曲意境深邃、气势磅礴，其终曲音乐的艺术感染力超过了原诗。但应该指出，席勒的《欢乐颂》本身也是一件艺术作品；它有着严整的形式，每行都用四步扬抑格（一重一轻）诗律写出，非常有规则。这样的节奏给人以庄严和生气勃勃的感觉。每节前八行用abab cdcd的交叉韵，后四行合唱部分用abba的套韵。全诗共分八节，各12行；每一节又分成两部分，前半部分八行，后半部分是合唱——四行。最后一节席勒在往后的集子中删去不收，原因是诗人自己也看出了它艺术上的缺点。全诗到第七节实际上已达高潮，但热情奔放的青年诗人，感情像脱缰之马，收勒不住，还要向前奔跑，故写出了一些过头的败笔。

第十一章　歌剧中的歌曲

一、歌剧概述

歌剧是一种以歌唱为主，综合了音乐、文学、舞蹈和美术等艺术的戏剧形式。歌剧的音乐，包含了独唱曲（咏叹调、咏叙调、谣唱曲、歌曲）、宣叙调、重唱曲、合唱、舞蹈音乐、乐队曲（序曲、幕间曲）等各种形式。

歌剧一般分为幕、景、场。幕是剧中的一个段落，依戏剧情节的发展与变化划分。幕又可分为景和场，视布景和登场人物的变换而划分。

近代西洋歌剧产生于被称为"文艺复兴"时代的 16 世纪末的意大利，后渐渐流行于欧洲各地。歌剧由于地区、时代、大小及题材性质的不同，分为正歌剧、大歌剧、喜歌剧、轻歌剧、小歌剧、娱乐剧等不同类型。声乐部分由咏叹调、宣叙调、各种重唱、合唱等组成；器乐部分由序曲、间奏曲、舞曲等组成。歌剧中的宣叙调是一种独唱曲体裁，也叫"朗诵调"，旋律近似于说白，节奏比较自由。而咏叹调又叫"咏唱"，原意是抒情独唱曲。咏叹调通常篇幅较大，且富有戏剧性，集中体现剧中人物形象或内心心理活动的刻画，旋律性强，表现力丰富，可在音乐会上单独演唱。欧洲十大歌剧如威尔第的《茶花女》、普契尼的《蝴蝶夫人》、罗西尼的《塞维里亚的理发师》、比才的《卡门》、柴可夫斯基的《黑桃皇后》，等等，均隽永流长，久演不衰。

我国宋元以来形成的各种戏曲，以歌舞、宾白并重，亦属歌剧的性质。"五四"运动以来，特别是 1942 年延安文艺座谈会以后，在民族民间音乐的基础上，借鉴西洋歌剧，逐渐形成和创造了具有中国作风、中国气派的新歌剧。1945 年问世的《白毛女》是我国新歌剧成型的标志。全国解放以后，又陆续涌现了《草原之歌》、《刘胡兰》、《小二黑结婚》、《洪湖赤卫队》、《江姐》等有影响的作品。近年来又创作了《原野》、《伤逝》、《党的女儿》等歌剧，均体现了洋为中用，标志着我国歌剧事业越来越走向成熟。

二、歌曲精选

（一）中国部分

1.《黑龙江岸边的玫瑰花》

黑龙江岸边的玫瑰花

（歌剧《傲蕾·一兰》选曲）

丁毅、田川 词
王云之、刘易民 曲

1=F 2/4
稍慢　淳朴、憨厚

(6 6 6 ｜ 5 5 5 ｜ 4 5 6 5 4 ｜ 3 2 1 7 ｜ 2 2 2 6 ｜ 1 1 7 ｜ 6 1 3 #5 ｜
6 —)‖: 6 6 3 ｜ 2 4 3 ｜ 2 1 2 3 1 ｜ 6 — ｜ 6 6 3 3 ｜

黑龙江　岸边　洁白的玫瑰　花，　　傲蕾·一兰
傲蕾·一兰　姑娘　勇敢的姑　娘，　　走过了

| 2 4 3 | 2 2 7 1 2 | 3 — | 6 6 6 | 5 5 5 | 4 5 6 5 4 |

姑　娘　　深深地爱着它；　她曾为　这枝花　放声高
千万里　　回到了家　乡；　她的心　像玻瑰　刚刚开

（1.
（6 3 6 7 1 7 1 2 |

| 3 2 1 7 | 2 2 2 6 | 1 1 7 | 6 1 3 #5 | 6 — | 3 #5)‖

唱，　也曾为　这枝花　泪流双　颊。
放，　从不曾　沾染上　灰雾尘

2.
| 6 — | (2 2 2 6 | 1 1 7 | 6 1 3 #5 | 6 —) | 3 6 6 | 5 6 3 |

霜。　　　　　　　　　　　　　　　她热爱　黑龙江

| 2 7 7 1 2 | 3 — | 3 6 6 | 7 6 3 | 2 4 4 3 2 | 7 — |

自己的土　地，　她热爱　达翰尔　自己的民　族；

| 6 6 1 | 7 6 4 | 3 3 3 6 | 1 2 3 4 | 2 2 6 | 5 4 3 |

多少回　酷刑　多少回鞭　打，　她从没　低下过

渐慢
| 2 2 2 3 #5 | 6 — | 6 7 6 5 4 | 3 2 1 7 | 6 3 3 | 2 2 1 |

高傲的头　颅，　　　　　　从没有　低下过

原速
| 7 7 7 3 | 6 — | (6 6 6 | 5 5 5 | 4 5 6 5 4 | 3 2 1 7 | 2 2 2 6 |

高傲的头　颅。

| 1 1 7 | 6 1 3 #5 | 6 —) | 6 6 3 | 2 4 3 | 2 1 2 3 1 | 6 — |

　　　　　　　　　　洁白的　玫瑰花　虽然已凋　残，

| 6 6 3 | 2 4 3 | 2 2 7 1 2 | 3 — | 6 6 6 | 5 5 5 | 4 5 6 5 4 |

英雄的　姑　娘　永记我心　间；　我要把　这枝花　带回家乡

| 3 2 1 7 | 2 2 2 6 | 1 1 1 7 7 | 6. 1 | 3 #5 | 6 — | 6 — ‖

去，　好让这　英雄的故事　到　处　流　传。

演唱提示：

　　歌曲选自歌剧《傲蕾·一兰》，是带再现的三段式结构。第一段是叙述性的音调，平稳流畅，抒发了对英雄傲蕾·一兰的赞美。第二段在音调和节奏上有了较大的变化，赞颂了英雄的不屈精神。第三段为再现部，情绪伤感、悲壮，表达了对英雄的无限怀念。演唱时要用深沉的音色、平稳的气息控制，表现出对英勇的姑娘——傲蕾·一兰的深切怀念之情。

2.《红梅赞》

红梅赞
歌剧《江姐》选曲

阎肃 词
羊鸣、姜春阳、金砂 曲

$1= {}^bB$ $\frac{4}{4}$
中速 抒情地

（乐谱略）

歌词：
红岩上红梅开，千里冰霜脚下踩。三九严寒何所谓，一片丹心向阳开 向阳开。红梅花儿开，朵朵放光彩，昂首怒放花万朵，香飘云天外，唤醒百花齐开放，高歌欢庆新春来 新春来！

歌剧《江姐》简介：

歌剧《江姐》由中国人民解放军空政歌舞团根据小说《红岩》改编，1964年由该团首演于北京。

全国解放前夕，中共地下党员江雪琴（江姐）带着中共四川省委交付的重要任务，离别重庆，奔赴川北。途中惊悉丈夫——华莹山游击队政委彭松涛同志牺牲的噩耗。在与华莹山游击队司令员"双枪老太婆"取得联系后，抑制巨大的悲痛，投入到对敌斗争中。由于叛徒甫志高的出卖，江姐不幸被捕，关押于渣滓洞集中营。面对敌人的种种酷刑，她大义凛然，严词痛斥敌人。最后在重庆解放前夕，慷慨高歌，英勇就义。

《江姐》以四川民歌为基础，广泛吸取了川剧、越剧、四川清音、京剧等诸多地方剧种的音乐语言加以创作，既有浓郁的民族色彩和清醇的乡土气息，又可表现强烈的戏剧性或优美流畅的歌唱性段落，深入地、多层次地刻画了英雄人物的性格特征。

歌曲简介：

《红梅赞》是歌剧《江姐》的主题歌，这首歌在全剧中多次出现，为江姐的音乐基调做了全面的概括，是贯穿全剧的音乐主题，江姐的唱腔大都由此发展而来。作者在谈到《红梅赞》的创作时，曾说道这是学习毛主席诗词《咏梅》所得到的启示和教益，才写出了这首《红梅赞》。作者以梅花不畏严寒风雪，傲然怒放的坚贞性格，比拟江姐坚强不屈的革命气节。紧紧抓住"赞"字作为全曲的基本格调。这首歌的歌词寓意深刻，曲调辽阔、清新，情感真挚、内在，表达了主人公的革命英雄主义气概。

这首歌为七声徵调式。歌曲的素材主要借鉴了四川"扬琴"和江南"滩簧"的音调。歌曲中多处使用八度、七度的跳进音程，使得旋律开阔而有气势。构成《江姐》音乐的一大特点。

歌曲的曲式结构是二段曲体，A、B 两段的结构相同，都是由四个乐句构成的乐段，前三个乐句都是两小节，两个乐段的最后一句都扩充为三小节。A 段主要是对红梅性格的具体描绘，B 段是对红梅品格的赞美。

3.《珊瑚颂》

珊 瑚 颂

歌剧《红珊瑚》选曲

（女声独唱）

钟艺兵 单 文 等词
王锡仁 胡士平 曲

1=F 2/4
中速 优美

```
5 35  6 | 3. 5 3 2 1 6 | 5 35 6. 2 7 6 | 5 - | 1 6 1 2 | 6. 1 6 5 5 3 |
1.一  树   红  花  照  碧       海，     一 团   火    焰
2.一  盏   红  灯  照  碧       海，     一 团   火    焰

2. 3 1 2 5 3 3 2 | 1 - | 3 2 3  5 | 2. 3 2 1 6 1 5 | 1. 2 3 5 6 5 | 5 3.
出     水            来，  珊 瑚  树   红 春   常     在，
出     水            来，{ 红 灯  高   照 云   天     外，

5 6 3 5 6 1 5 6 | 6 1 2 | 6 3 5 6 7 2 6 | 5. 6 | 1. 2 3 5 2 | 1 - |
风  波  浪  里    把  花   开。 }哎！
火  焰  熊  熊    把  路   开。

1 1 2 7 6 5 6 | 1.  2 | 3 5 2 1 7 2 6 | 5 - | 5 5 3 5 | 6 1 7 2 6 |
云 来     遮     雾   来   盖，             云 里   雾 里

6 3 5 6 7 2 6 | 5 - | 1 1 5 3 5 6 | 6 1 2 | 1. 2 3 5 6 5 | 5 3.
放  光   彩，      风 吹   来     浪 打   来，

5 3 5 | 6 1 7 2 6 | 6 3 5 6 7 2 6 | 5. 6 | 1. 2 3 5 2 | 1 - ||
{风 吹   浪  打      花   常    开。 哎！
 迎 接   救  星      上   岛    来。 哎！
```

歌剧《红珊瑚》简介：

歌剧《红珊瑚》是中国人民解放军海军政治部歌舞团集体创作的，以其很高的艺术成就载入歌剧史册，成为中国歌剧经典之一。

故事发生在解放初期的珊瑚岛上。渔霸七奶奶勾结国民党反动军官窦司令，将渔家女珊妹租给窦司令为妾，珊妹为给重病的爹爹治病，被逼答应，途中珊妹跳海逃到一个岛上，遇到解放军王永刚和阿青得救。为迎接解放军解放珊瑚岛，珊妹不顾个人安危高举渔灯为信号，经过激烈的战斗，终于将反动势力打败，迎来珊瑚岛的解放。

歌曲简介：

歌剧《红珊瑚》剧中主题曲《珊瑚颂》脍炙人口，充满坚贞不屈的革命意志和坚信革命必将成功的乐观主义精神，至今仍在人民群众中广为传唱。

歌剧《红珊瑚》的曲作者之一、海政文工团著名作曲家王锡仁在接受采访时回忆，当年创作《红珊瑚》时，非常明确要"全面继承民族戏曲，发展新歌剧"，向民族戏曲学习，以中国民族音乐为基础，借鉴西洋歌剧的创作手法来创作中国歌剧。沿着这条中国歌剧民族化线路，出现了《江姐》、《洪湖赤卫队》、《小二黑结婚》、《红珊瑚》等优秀作品。

王锡仁说，当年他为了创作《红珊瑚》的音乐，特地到河南学习当地的梆子、曲子等民族音乐。后来创作时，将民族戏曲音乐中的板式、音调甚至锣鼓揉合进去，借用西方音乐的手段，赋予《红珊瑚》新的生命。

王锡仁说，《红珊瑚》的音乐由他和胡士平老师共同创作，可是，最初的歌剧创作中并没有这首曲子。1961年"八一"电影制片厂根据歌剧改编电影时，《红珊瑚》剧组提出要增加一首短小、易于传唱的新歌，这首歌就是《珊瑚颂》。《珊瑚颂》的创作采用了他们为珊妹谱写的主旋律音调，然后通过精心结构、剪裁、编辑而成，之后，《珊瑚颂》广为传唱、经久不衰，使它后来作为歌剧的主题歌流传至今。

（二）外国部分

1.《你们可知道》

你 们 可 知 道
歌剧《费加罗的婚礼》选曲
（凯鲁比诺的咏叹调）

〔意〕洛伦磋·达·庞特 词
〔奥〕莫 扎 特 曲
尚 家 骧 译配

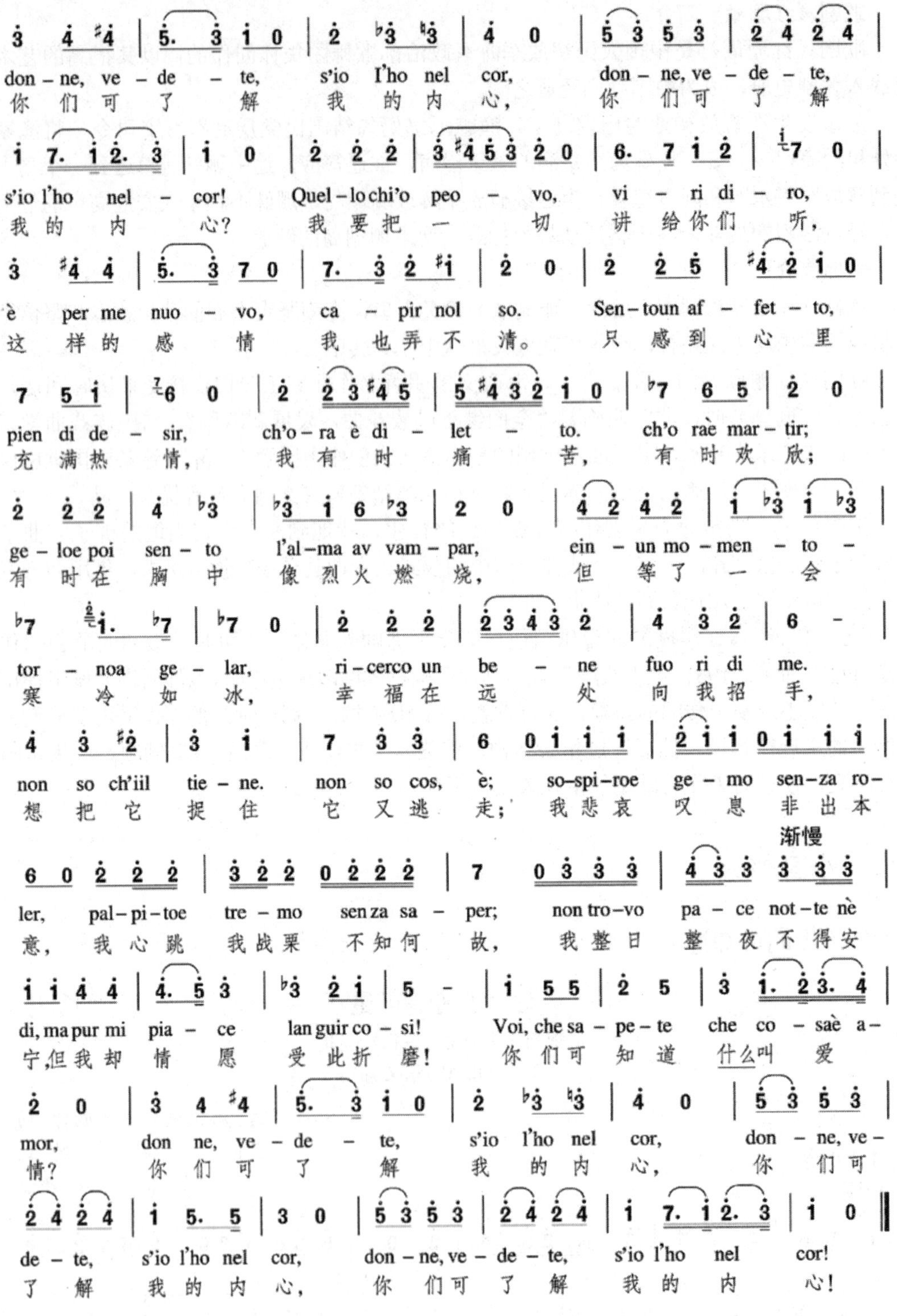

演唱提示：

歌曲选自歌剧《费加罗的婚礼》。歌曲以大跳和半音级进交替进行的旋律开头，中间是带有宣叙成分的音调，最后是再现部。歌曲生动细致地表现了情窦初开的青年幻想得到爱情又不敢表白的心情。演唱时以轻快明亮的声音色彩，运用好跳动的旋律，把握转调的调性变化，激动含蓄地进行演唱。

2.《多来咪》

Do-Re-Mi
多来咪

音乐剧/影片《音乐之声》选曲

〔美〕奥斯卡·汉默斯坦Ⅱ 词
〔美〕理恰德·罗杰斯 曲
薛　　　范 译配

1=D 2/4
活泼 轻快

| 5 | 5 5 5 | 6 6 7 | 5 5 | 5. | 5 | 5 5 5 | 6. | 7 |

Let's　start　at the　ve-ry be-gin-ning,　a　ve-ry good　place　to
来　　吧，咱们　一起来　学习，　最　好就是　从　头

| 5 — | 5 | 5 5 | 4 4 | 4 5 | 3 | 3 | 3 3 5 |

start.　　　When you　read you be-gin with　A　B　C, When you
起。　　　要念　书，先得　学会　A　B　C. 要唱

| 4 | 4 4 | 3 2 | 1 2 | 3 — | 1 2 | 3 0 |

sing you be-gin with　Do Re Mi,　Do Re Mi,
歌　先得　学会　"多来咪"。　多来咪，

| 1 2 | 3. | 1̇ 7 | 6 5 | 4 | 3 3 4 | 5 — |

Do Re Mi,　The first three notes just hap-pen to be.
多来咪，　是最先　碰到的　三个音级。

| 1 2 | 3 — | 1 2 | 3 0 | 1 2 3 4 | 5 6 7 0 |

Do Re Mi,　Do Re Mi,　Do Re Mi Fa So La Ti.
多来咪，　多来咪，　多来咪发锁拉西！

| (1 7 6 | 5 4 3 2) ‖: 1. | 2 | 3. | 1 | 3 | 3 — |

　　　　　　　　　 Doe,　a　deer,　a　fe-male deer.
　　　　　　　　　"多"——好朋　友多呀多,

| 2. 3 | 4 4 3 2 | 4 — | 4 — | 3. | 4 | 5. | 3 |

Ray,　a drop of gold-en sun.　　　　Me　a　name　I
"来"——快来呀来唱歌，　　　　"咪"——看脸上

| 5 3 | 5 — | 5 — | 4. | 5 | 6 6 5 4 | 6 — | 6 — |

Call　my-self.　　Far,　a　long, long way to run.
笑咪咪，　　　"发"　要发出光和热，

| 5. 1 | 2 3 4 5 | 6 — | 6 — | 6. | 2 | 3 #4 5 6 |

Sew,　a nee-dle pul-ling thread.　　　La,　a note to fol-low
"锁"——能拴住门和窗，　　　"拉"——是用力往回

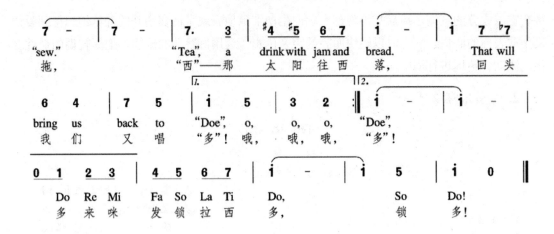

歌曲赏析：

这是音乐剧《音乐之声》中的插曲。家庭教师玛丽亚和特拉普上校的 7 个儿女在做游戏时唱了这首饶有趣味的歌。玛丽亚"寓教于娱乐之中"，通过这首歌，既对 7 个孩子进行音乐的启蒙教育，又和他们融洽了感情。

原歌词是借助与音符唱名发音相近的英语词来帮助孩子们记忆的。例如，"1"的发音和英语中的 doe（母鹿）相近，"2"的发音和英语中的 ray（光线）相近，等等。但在汉语中，人们绝不会从"母鹿"联想到"1"，也不会听到"2"的发音而想起"光线"，因此，将原词直译出来是毫无意义的。

这里，仿效原词用谐音的办法，以相近的汉语字音来代替。

3.《孤独的牧羊人》

```
5̣   5  5   5    5̣  5̣  | 5̣   4      4     3    |
Loud    was   the    voice   of  the    lone  -  ly     goat  -  herd:
Lust - y    and   clear   from the    goat  -  herd's  throat  heard:
Men    on    a    road    with a      load     to      tote,   heard:
Men,   drink-ing  beer    with the    foam     a -     float,  heard:
She    yo -  dled back    to   the    lone  -  ly      goat  -  herd:
What   a    du -  et      for  a      girl     and     goat  -  herd:

5  5  5  #5  6  6  6  7  | 1  -  0  0 :‖ 2  -  5  -  |
lay-ee o - dl, lay-ee o-dl - o.          O -  ho,

5  5  3  5  4  3  | 2  -  4  -  | 3  3  1  2  3  -  |
lay-dee o-dl-lee-o,   o  -  ho,    lay-dee o-dl ay!

2  -  5  -  | 5  5  3  5  6  5 | 2  2  7̣  2  3  #4  |
o      ho.    lay-dee o-dl lee-o,  hod-l-e-dl loe-o-

5  -  -  5 :‖ 5̣  5̣  5  5  5̣  5̣ | 5̣  4  4  3  |
ay!        A   7.Hap-py  are they, lay-lee o lay-ee lee o!

5̣  2  2  2  1  2  | 3  1  6  5  -  |
O   lay-lee o lay-lee  lay - ee - o,

5̣  5  5  5  5̣ 5̣ | 5̣  4  4  3  |
soon the du-et will be-come a tri-o.

5  5  5  #5  6  6  6  7  | 1  -  -  5  5 | 5̣  5  5  -  -  |
lay-ee o-dl, lay-ee o-dl - o,       ho-di lay-ee

5  -  -  5  5 | 6  6  -  -  | 6  -  -  6  6  |
              ho-di lay-ee                ho-di

7̣  7̣  7  -  -  | 7  -  -  7̣  7̣ | 1  1̇  5  3  3̇  1̇  5  3 | 1  -  0  0 ‖
lay-ee              o-de lay-ee o-dl lee-e o-dl lay.
```

歌词大意:

高高的山顶上有一个牧羊人,
他放开歌喉在纵情歌唱。

穿粉红衣服的小姑娘听到,
她和那牧羊人一齐歌唱。
二重唱歌声是多么美妙,
他们愉快地同声歌唱。

歌曲赏析:

这是美国电影《音乐之声》的又一首插曲,是家庭女教师和孩子们演木偶剧时唱的。作曲家在歌曲中吸收了西欧一些国家的民歌曲调。歌中不断出现七度、八度、九度大跳音程,领唱、重唱、合唱与伴奏巧妙交织在一起,以及真假声的快速交替变换,使歌曲旋律如波浪般起伏,跌宕明快,诙谐风趣,充满欢乐色彩。

4.《回忆》

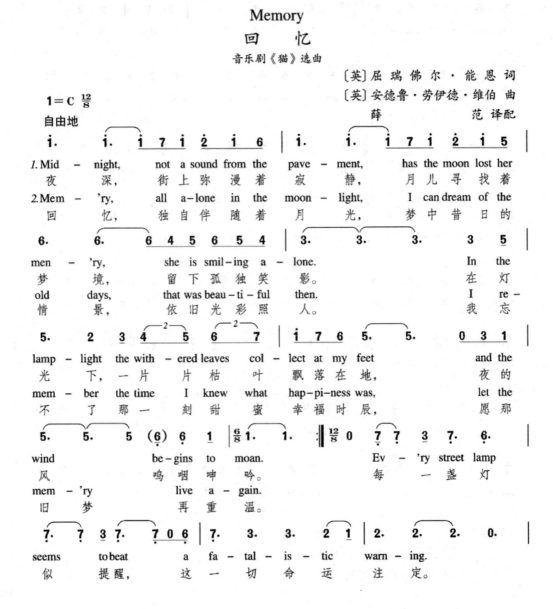

音乐剧《猫》简介：

英国音乐剧 Cats（《猫》）于 1981 年 5 月 11 日在新伦敦剧院首演，获得成功，赢得英国 6 项戏剧年度奖。1982 年 10 月,《猫》剧全班人马到美国纽约百老汇的冬苑剧场上演,一炮打响,成为百老汇历史上最轰动的一部来自海外的音乐剧,夺得了当年的包括最佳音乐剧、最佳作曲在内的 7 项托尼大奖。

曲作者是 A.Lloyd Webber(劳伊德·维伯,1948—)是当代英国的音乐剧大师。他以深厚的古典音乐的根基,出色地运用现代音乐语汇(特别是摇滚),在舞台音乐领域内闯出了一条新路子,取得极大的成就。

《猫》剧还陆续在奥地利、前苏联及加拿大、日本等 13 个国家用 10 多种语言演出,场场暴满,座无虚席。2002 年 5 月 11 日,《猫》剧宣告最终落幕,前后连续演出长达 21 年。2003 年 5—6 月,《猫》剧在上海演出;年底,在北京演出。

歌曲赏析:

《猫》剧中给人印象最深、最动听的一首歌便是《回忆》,观众出了剧场,一路上哼着这个曲调回家去。首唱《回忆》的是著名英国演员 Betty Buckley(贝蒂·伯克蕾),她因此而获最佳女配角奖。这首歌曲现在已成为世界各国歌手经常选唱的曲目之一,如美国剧、影、歌三栖明星 Barbra Streisand(芭芭拉·斯屈莱珊)和老牌男歌里 Barry Manilow(白瑞·曼尼罗)等。1990 年 7 月 7 日在为"意大利之夏"世界杯足球赛而举行的世界三大男高音演唱会上,帕瓦罗蒂、多明戈和卡雷拉斯也联袂演唱了这首歌。

5.《夜的音乐》

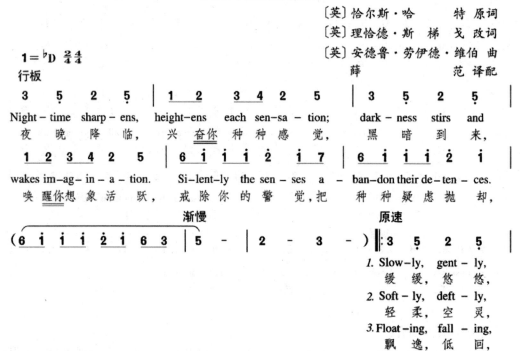

歌唱篇

```
  1 2  3 4 2  5  | 3  5  2   5  | 1 2  3 4  2  5  |
```
night un-furls its splen-dour, grasp it, sense it, trem-u-lous and ten-der.
显露 夜 的 本 色， 紧紧 拥 抱 宁 静 温 馨 的 黑 夜，
mu-sic shall ca-ress you. Hear it, feel it se-cret-ly pos-sess you.
音乐 温存 体 贴， 旋律 动 人， 和 你 身 心 凝 结，
sweet in-tox-i-ca-tion. Touch me, trust me, sa-vour each sen-sa-tion.
甜蜜蜜 的 喜 悦， 爱 抚， 信 赖， 品味 每个 感 觉，

```
  6 i i i 2 i 7 | 6 i i i 2  i 7 | 6 i i i 2 i 6 3 |
```
Turn your face a-way from the gar-ish light of day, turn your thoughts a-way from cold un-feel-ing
无须 留恋 白昼 的 五光 十 色 的 一 切，也 无须 牵 挂 冷 漠的世
O-pen up your mind let your fan-ta-sies un-wind in this dark-ness which you know you can-not
敞开 你 的 情 怀 呵，展开 你 的 幻 想，在 不 可 抗 拒 的黑 暗 中 摇
Let the dream be-gin, let your dark-er side give in to the pow-er of the mu-sic that I
让 这 梦 儿 飞 翔，在 梦 中 你 会 拜 倒 在 我 用心 灵 抒 写 的 音

1.2. 转调 1 = ♭B（前 3 = 后 ♭5）

```
 5  0 3 | 3 2 2 3 4 5 3 2 | 1 - 0 ♭5 6  3 2 i 7  6  5 6 |
```
light and lis-ten to the mu-sic of the night. Close your eyes and sur-ren-der to your
界， 且 凝神 谛听 这 夜 的 音 乐。 闭 上 眼，神游 在 你 隐 秘 的
fight, the dark-ness of the mu-sic of the night. Let your mind start a jour-ney through a
曳， 你 沉醉 在 这 夜 的 音 乐。 去 漫游， 陌 生 的 新 世 界 有
write, the pow-er of the mu-sic of the
乐， 这 充满 魅力 夜 的 音

转回 1 = ♭D（前 7 = 后 6）

```
 6 5 4 6 i | 4  3. 2 2 i i 7 | 7 - 0 2 2 |
```
dark-est dreams! Purge your thoughts of the life you knew be-fore! Close your
梦 之 国， 全 忘 掉 从 前 熟 悉 的 生 活！ 闭 上
strange, new world; leave all thoughts of the world you knew be-fore. Let your
多 开 阔， 从 今 后， 过 去 的 种 种 全 摆 脱。 让 你 的

渐慢   **渐慢**
```
 2 i 7 6 5 6 5 | 5 - 0 7 7 | 7 7 7 7 6 7 i |
```
eyes let your spi-rit start to soar and you'll live as you've nev-er lived be-
眼， 让 你 的 心 灵 高 高 飞， 去 体 验 从未 经 历 的 生
soul take you where you long to be! On-ly then can you be-long to
心， 带 你 去 向 往 的 地 方， 到 那 时， 你 才 会 属 于

3.   **渐慢**
```
 7 - 0 :‖ 1 - - - ( 1 2 3 4 2 5 | 3 5 2 5 | 1 2 3 4 2 5 |
```
fore.   night.
活，   乐。
me.
我。

原速   **渐慢**
```
 6 i i i 2 i 7 | 6 i i i 2 i 7 ) | 6 i i i 2 i 6 3 | 5  0 |
```
You a-lone can make my song take flight,
是 你 让 我的歌 儿 飞 翔，

```
渐慢
 3  2   2    3   4  5  3   2  ∨ | i - - - | i - - - | i - 0  0 ‖
help me make the mu-sic of the    night.
 助  我  完   成 这 夜  的  音         乐!
```

歌曲简介：

The Phanfom of the Opera（剧院魅影）原著是法国作家 Gaston LeRouy（伽斯东·勒茹）的一部通俗小说，叙述一位被毁容的音乐家，隐居在歌剧院深处，暗中辅导一位女歌手 Christine，帮助她成功。这位"剧院幽灵"终日戴着面具，又熟知剧院的暗道机关，神出鬼没。当他发现自己暗暗爱着的 Christine 早已有了追求者，便不顾一切试图强迫她和自己结婚，但最后，幽灵发现自己对 Christine 的爱，已胜过占有欲，决定解放她。

这一题材，欧美各国多次摄制成影片，我国的影片《夜半歌声》也取意于此。1985年，英国音乐剧大师 Lloyd Webber（劳伊德·维伯，1948—）把它搬上舞台，在英、美等国连续上演了8年，至今仍盛况不衰。这首歌曲是剧中最受欢迎的一首选曲。

第十二章 儿童歌曲

一、简介

儿童歌曲具有浓厚的童趣，曲调活泼明快，优美动听，格调健康明朗，稚气横生；这些歌曲犹如永不褪色的画，供你珍藏；像斑斓绚丽的童装，展现在你面前；又像一泓汩汩清泉源源不断向你涌来。这些快乐的儿歌，会让你仿佛回到那天真无邪、充满欢声笑语的童年生活中。

二、歌曲精选

（一）中国部分

1.《让我们荡起双桨》

让我们荡起双桨
影片《祖国的花朵》插曲
（齐唱、合唱）

乔羽 词
刘炽 曲

1=♭E 2/4
稍快 优美 热情

(0 1 2 3 | 5 6 | 0 6 1 2 | 3 5 | 0 3 5 6 | 1 3 | 2 3 2 1 7 |

6̣ 6̣ 6̣ | 6̣ 0 6̣ 0 | 6̣) 6 1 2 ‖: 3. 5 | 3 1 2 | 6 — |

1. 让我们 荡   起双   桨，
2. （红领巾）迎 着太   阳，
3. （做完了）一 天的功 课，

0 1 2 3 | 5. 5 | 5̣ 6 2 | 3 — 3 | 3 5 | 6 — 5. 6 |

小船儿 推开 波 浪，   海面 倒 映着
阳光 洒在 海面 上，   水中 鱼儿
我们来 尽情 欢 乐，   我 问你

1̇ 7 6 5 | 3 ˇ | 3 1 2 | 3. 5 | 1 6 | 1 2 3 6 | 5 — 5 0 |

美丽的白   塔，四周环   绕着 绿树红   墙。
望着 我   们，悄悄地 听   我们 愉快歌   唱。
亲爱的伙   伴，谁给我们   安排下 幸福的生 活。

3 — | 6. 6 | 5 4 3 ˇ | 2 — | 3. 5 | 6̣ 1 2 | 0 1 2 |

小   船儿轻 轻飘   荡在 水中，   迎面

1 — | 4. 4 | 3 2 1 | 7 — | 6̣ 7 6̣ 5̣ | 6̣ 2 5̣ 0 | 6̣ 7 |

歌曲简介：

这首歌在 20 世纪 50 年代可谓是红遍华夏大地，无人不知，无人不晓，无人不喜欢。它是电影《祖国的花朵》中的插曲。这部电影是长春电影制片厂 1955 年摄制完成的，是新中国的第一部儿童影片。

就创作而言，这首歌是为《祖国的花朵》专门定制的，它必须依附于这部电影故事本身，才更有价值和意义。但因为歌词本身的"定向性"并不强，且很阳光地表现出了一个抒情意境，因此受到人们喜爱、欢迎，得以流传是必然的。

这首歌的主题立意很明确——"我问你亲爱的伙伴，谁给我们安排下幸福的生活"。

这答案我想不用动脑子就会回答：中国共产党给我们安排下了幸福的生活。

乔羽简介：

乔羽，1927 年生，山东济宁人。原名庆宝。著名词作家，在中国有"词坛泰斗"之称。

1946 年入北方大学艺术学院学习。曾任华北大学三部剧本创作员。

1949 年新中国成立后，曾担任中国中央戏剧学院、中国戏剧家协会、文化部剧本创作室创作员。

1977 年后任中国歌剧舞剧院副院长、院长，中国剧协第四届理事，中国音乐文学学会会长，中国国际文化交流中心理事。第八届全国政协委员。

乔羽的创作与时代同步，20 世纪 50 年代，他著有电影文学剧本《刘三姐》、《红孩子》，歌词《我的祖国》、《牡丹之歌》、《人说山西好风光》、《让我们荡起双桨》等在中国家喻户晓的作品。20 世纪 80 年代，中国实行改革开放以后，乔羽创作的《心中的玫瑰》、《难忘今宵》、《思念》、《说聊斋》、《巫山神女》、《夕阳红》、《爱我中华》、《祖国颂》等歌词表达了新时期中国人民的心声，因而他的作品广泛流传，成为人们传唱的经典之作。

乔羽代表作品有《我的祖国》、《人说山西好风光》、《让我们荡起双桨》、《心中的玫瑰》、《难忘今宵》、《爱我中华》等。

刘炽简介：

作曲家刘炽（1921□1998 年），陕西西安人。幼年随民间艺人学习鼓乐，1939 年入延安鲁艺师从冼星海学作曲，中华人民共和国成立后在中央音乐学院进修，后任煤矿文工团副团长。作品包括歌剧音乐、大合唱、电影音乐各十部及其他中、小型音乐作品。著名的有歌剧《阿诗玛》；大合唱《祖国颂》；歌曲《我的祖国》（电影《上甘岭》插曲）、《风烟滚滚唱英雄》（电影《英雄儿女》插曲）、《让我们荡起双桨》（电影《祖国的花朵》插曲）；舞蹈音乐《荷花舞》等。

2.《读书郎》

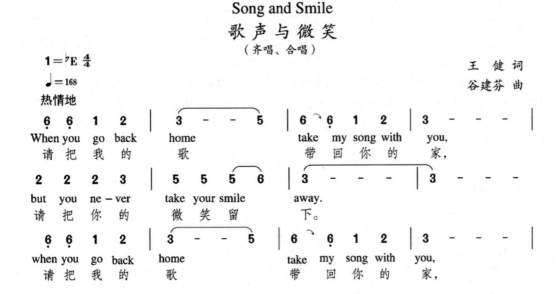

歌曲简介：

《读书郎》是作曲家宋扬于 1944 年编词作曲的。歌曲表现了儿童自小不怕风雨，勤奋学习，不是为了作官，而是为了不受人欺凌当牛羊。歌词共三段，用同一曲调反复演唱，是一种分节歌形式。开始奏出八小节的引子，然后是歌唱部分。在唱完四句之后，插入富有风趣的"朗格里朗"的衬句，再重复第四句的词曲而结束。作者吸取湖南民间音乐的素材而创作，歌曲有浓厚的地方风格，同时歌曲通俗易懂，旋律流畅，情绪活泼，因而受到儿童们的喜爱。

3.《歌声与微笑》

```
2   2   2   3  | 5   5  0  5  | 6 - - -  | 6 - - - |
but you ne-ver   take your   smile away.
      请  把 你 的    微  笑    留  下。

1  1  1  1 | 6. 7 1 0 | 1  1  1  1 | 6. 7 1 0 |
Tomor-row this song will be heard   ev-ery cor-ner   of the world
明  天 明 天   这 歌 声     飞 遍 海 角    天   涯，

6  6  6  6 | 4. 5 6 0 | 6  6  6  6 | 4. 5 6 0 |

2  2  2  2 | 1 - 2 - | 7 - - - | 7 - - - |
ev-ery cor-ner  of  the   world
飞 遍 海 角      天      涯。

4  4  4  4 | 4 - 6 - | 3 - - - | 5 - - - |

1  1  1  1 | 6. 7 1 0 | 1  1  1  1 | 6. 7 1 0 |
Tomor-row this smile will be flowers  blos som in the spring time.
明  天 明 天   这 微 笑    将 是 遍 野  春   花，

6  6  6  6 | 4. 5 6 0 | 6  6  6  6 | 4. 5 6 0 |

2  2  2  1 | 7 - 5 7 | 6 - - - | 6 - - - |
blos-som in the spring        time.
将 是 遍 野 春            花。

4  4  4  6 | 5 - 3 2 | 6 - - - | 6 - - - |
```

歌曲简介：

经历过 20 世纪 80 年代的人都能记住一首歌，那就是《歌声与微笑》，这首由谷建芬作曲、王健作词的歌曲，成为几代人共同的回忆。"无邪"的美好是最有影响力的，也最能呼唤起人们内心的爱与美。这首富有时代气息的歌曲，1989 年首次出现在央视春晚上就深受广大青少年喜爱。歌曲的两个部分都运用了复乐段结构，形成并置式对比。尤其是在高音区节奏重复多次，运用了同音反复，使得歌曲形成了一种动力感，颇具号召性，表达了青少年朋友将友谊传遍海角天涯的热切心情。自歌曲创作以来，每到欢乐的场合，人们常常想到用这首歌表达相互的情感，歌曲也多次飘至大洋彼岸，走向世界各地，传递着中国人民的友谊。

（二）外国部分

1.《小星星》

Twinkle, Twinkle, Little Star
小　星　星

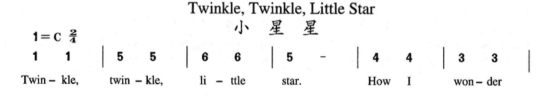

```
2  2  | 1 - | 5  5 | 4  4 | 3  3 | 2 -
what you   are!    U - p  above the sky so high,
5  5  | 4  4 | 3  3 | 2 - | 1  1 | 5  5
like a     dia mond in the sky,  Twinkle, twinkle,
6  6  | 5    | 4  4 | 3  3 | 2  2 | 1 -  :||
li -  ttle  star.   How I  won - der  what you are!
```

歌词大意：

一闪，一闪，小星星，
我真想知道你是谁？！
你高高地挂在天空，
像镶在空中的钻石。
闪闪发亮的小星星，
我真想知道你是谁？！

歌曲简介：

据记载，该歌歌词 1806 年写于伦敦，大约于 1835 年第一次配曲印在 *The Singing Master* 中。其曲与《英语字母歌》（*ABC*）相同。莫扎特 1778 年在巴黎曾为此曲谱写 12 种钢琴变奏曲。贝多芬 1798 年曾在布拉格即席演奏。

2.《麦克唐纳老爹有个农场》

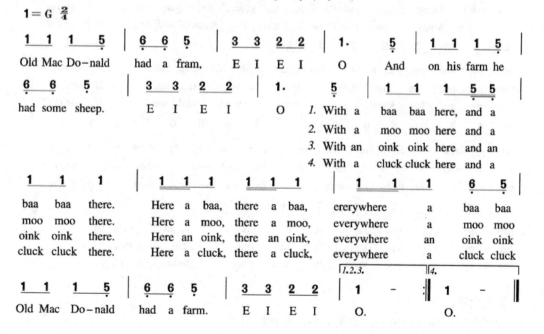

歌词大意：

麦克唐纳老爹有个农场，嗨呦嗨。

农场上有几头羊，嗨呦嗨。

（1）　这里咩咩叫，那里咩咩叫。
　　　　这里咩咩叫，那里咩咩叫，到处咩咩叫。

（2）　这里哞哞叫，那里哞哞叫。
　　　　这里哞哞叫，那里哞哞叫，到处哞哞叫。

（3）　这里呼噜叫，那里呼噜叫。
　　　　这里呼噜叫，那里呼噜叫，到处呼噜叫。

（4）　这里咯咯叫，那里咯咯叫。
　　　　这里咯咯叫，那里咯咯叫，到处咯咯叫。
　　　　麦克唐纳老爹有个农场，嗨呦嗨。

歌曲简介：
据历史学家考证，这是一首可能源自一部喜剧中描写乡村生活的歌曲。其名曰：*Wonders in the Sun*，1706 年出版于伦敦。

3.《幸福拍手歌》

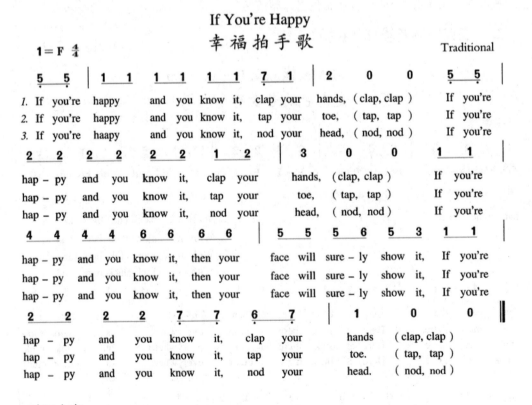

歌词大意：
如果幸福，你就拍拍手。如果幸福，你就拍拍手。

如果幸福，如果你想表达你的幸福，如果幸福，你就拍拍手。
如果幸福，你就跺跺脚。如果幸福，你就跺跺脚。
如果幸福，如果你想表达你的幸福，如果幸福，你就跺跺脚。
如果幸福，你就点点头。如果幸福，你就点点头。
如果幸福，如果你想表达你的幸福，如果幸福，你就点点头。

歌曲赏析：

这是一首轻松活泼的游戏歌曲。歌唱者边唱边按要求拍拍掌或跺跺脚或点点头。听众往往被邀请一起表演，气氛相当热烈。

4.《摇篮曲》

摇 篮 曲

〔奥〕克劳谛乌斯 词
〔奥〕舒伯特 曲
尚家骧 译配

$1=^bA$ $\frac{4}{4}$
行板
pp

| 3 5 2. 3 4 | 3 3 2 1 7 1 2 5 | 3 5 2. 3 4 | 3 3 2 3 4 2 1 0 |

1. 睡吧睡 吧，我亲爱的宝贝，妈妈的双 手 轻轻摇着你。
2. 睡吧睡 吧，我亲爱的宝贝，妈妈的双 肩 永远保护你。
3. 睡吧睡 吧，我亲爱的宝贝，妈妈爱 你 妈妈喜欢你。

| 2. 2 3. 2 1 | 5 4 3 2 5 | 3 5 2. 3 4 | 3 3 2 3 4 2 1 0 ‖

摇 篮摇 你快 快安睡，夜已安 静 被里多温暖。
世 上一切幸 福愿望，一切温 暖 全都属于你。
一 束百合一 束玫瑰，等你睡 醒 妈妈都给你。

演唱提示：

歌曲表现了母亲对小宝贝的亲切爱抚和美好祝愿，音乐素材精练，情绪统一。甜美的音调、徐缓的速度，给人亲切安详、温馨的意境，以平稳柔和的声音演唱为宜。

第十三章 体 育 歌 曲

一、简介

　　体育是激情的艺术，它能让无数人为它付出。人们为了他们喜欢的体坛明星，为了他们喜爱的球队，愿意花费时间，付出金钱，为之欢笑，为之流泪，为之全力投入，为之奉献终身，甚至为之牺牲生命。

　　今天的竞技体育，很大程度上来说，已经不再是为了强身健体。人们喜爱体育活动，愿意到球场去为球队呐喊助威，是因为体育活动给了他们精神上的满足。球队胜利了，他们去喝酒狂欢；球队失败了，他们流泪哭泣。他们跟随球队从欧洲到美洲，从英格兰到法兰西，是因为球队就是他们精神生活的一部分，他们在别人所从事的活动中找到了自己。

　　从这一点上来说，体育和歌曲是相通的，它们都是人类满足精神需求的产物。所以，每一次重要的体育盛会都有会歌，每一支球队都有队歌，人们还为自己喜爱的体育明星专门谱写歌曲。

　　体育歌曲的主题或是号召人类的大团结，或是歌颂自信、自强的奋斗精神，或是倡导公平和友谊，或是赞美球迷们心中的球队和偶像，它们的旋律也总是奔放激昂，适合于无数人的高声合唱。

　　让他们奔向体育场，让他们为心爱的球队呐喊助威，让我们放声歌唱吧！

二、歌曲精选

（一）中国部分

1.《北京欢迎你》

北 京 欢 迎 你

（群 星演唱）

林 夕词
小 柯曲

1=D 4/4
中速

| 3 5 3 2 3 2 3 | 3 2 6 1 3 2 2 | 2 1 6 1 2 3 2 |
| 迎 接 另 一 个 晨 曦， | 带 来 全 新 空 气， | 气 息 改 变 情 味 不 变， |

| 3 5 6 5 6 2 1 1 | 3 5 3 2 3 2 3 | 3 2 6 1 3 2 2 |
| 茶 香 飘 满 情 谊。 | 我 家 大 门 常 打 开， | 开 放 怀 抱 等 你， |

| 2 1 6 1 2 3 5 2 | 3 5 6 5 6 2 1 1 | 2 1 6 1 2 3 5 2 |
| 拥 抱 过 就 有 了 默 契， | 你 会 爱 上 这 里。 | 不 管 远 近 都 是 客 人， |

歌唱篇

```
3 5 6 5 5 3 -    | 2 2 3 2 1 5 6 2  | 6 3 3 2 3
请不用客气，        相约好了在一起，    我们欢迎你。

3 5 3 2 3 2 3    | 3 2 6 1 3 2 2    | 2 1 6 1 2 3 5 2
我家种着万年青，    开放每段传奇，      为传统的土壤播种，

3 5 6 5 6 2 1 1  | 2 1 6 1 2 3 5 2  | 3 5 6 5 5 3 -
为你留下回忆。      陌生熟悉都是客人，  请不用拘礼，

2 2 3 2 1 5 6 2  | 6 3 2 23 1 -     | 0 0 3 5
第几次来没关系，    有太多话题。                    北京

1 5 6 6 6 5 3    | 3 5 5 - 3 5      | 6 1 2 1 5 3 2 5
欢迎你，为你开      天辟地，     流动  中的魅力充满着朝

5 3 3 - 3 5      | 1 5 6 6 1 2 1    | 5 3 5 1 6 6 3
气。     北京      欢迎你，  在太阳    下分享呼吸，  在

2 3 5 3 2. 1     | 1 - - -          | （间奏略）
黄土地刷新    成    绩。

3 5 3 2 3 2 3    | 3 2 6 1 3 2 2    | 2 1 6 1 2 3 5 2
我家大门常打开，    开怀容纳天地，      岁月绽放青春笑容，
8 1.我家大门常打开， 开放怀抱等你，      拥抱过就有了默契，

3 5 6 5 6 2 1 1  | 2 1 6 1 2 3 5 2  | 3 5 6 5 5 3 -
迎接这个日期。      天大地大都是朋友，  请不用客气，
你会爱上这里。      不管远近都是客人，  请不用客气，

2 2 3 2 1 5 6 2  | 6 3 2 2 1 3 5    |: 1 5 6 6 6 5 3
画意诗情带笑意，    只为等待你。北京    欢迎你，  像音乐
相约好了在一起，    我们欢迎你。北京
                   D.S. 2. 欢迎你，   像音乐

3 5 5 - 3 5      | 6 1 2 1 5 3 2 5  | 5 3 3 - 3 5
感动你，     让我   们都加油去超越自    己；     北京
天辟地，     流动   中的魅力充满着朝    气；     北京
感动你，     让我   们都加油去超越自    己；     北京

1 5 6 6 1 2 1    | 5 3 5 1 6. 3     | 2 3 5 3 2. 1
欢迎你，  有梦想    谁都了不起，  有    勇气就会有  奇
欢迎你，  在太阳    下分享呼吸，  在    黄土地刷新  成
欢迎你，  有梦想    谁都了不起，  有    勇气就会有  奇
```

歌曲简介：

2008年4月17日，北京奥组委在北京奥运会倒计时100天之际，推出这首由100名歌星演唱的倒计时100天的主题歌《北京欢迎你》。

这是2008年北京奥运会征集评选活动组委会、中国移动通信有限公司、北京市文物局继成功推出2008年北京奥运会倒计时一周年主题歌 We Are Ready 后再度携手合作，力邀海内外百名歌星激情演绎，几乎云集了华语流行乐坛所有的当红和实力唱将。他们用这种特殊的方式向全世界发出邀请，用音乐热情拥抱北京奥运客人，用音乐为奥运会加油。

作为北京奥运会倒计时100天的声音符号，《北京欢迎你》是以"同一个世界，同一个梦想"为主题，以北京普通人家的视角，采用民谣形式，用热情的音符表达北京奥运会即将到来时，人们喜悦的心情和对北京奥运客人的欢迎之意。这首歌是由北京奥组委文化活动部和中国移动共同策划，著名香港音乐人林夕作词，中国内地音乐人小柯作曲，小柯、陈少琪、余秉翰担任制作人。

《北京欢迎你》于2008年4月17日在全国多家电台全球首播。

《北京欢迎你》由香港知名音乐人林夕和内地知名音乐人小柯联手打造。参与录音的歌手更是多达100名。包括陈天佳、刘欢、那英、孙燕姿、孙悦、王力宏、韩红、周华健、梁咏琪、羽·泉、成龙、任贤齐、蔡依林、孙楠、周笔畅、韦唯、黄晓明、韩庚、汪峰、莫文蔚、谭晶、陈奕迅、阎维文、戴玉强、王霞、李双松、廖昌永、林依轮、张娜拉、林俊杰、阿杜、容祖儿、李宇春、黄大炜、陈坤、谢霆锋、韩磊、徐若瑄、费翔、汤灿、林志玲、张梓琳、张靓颖、许茹芸、伍思凯、杨坤、范玮琪、游鸿明、周晓欧、沙宝亮、金海心、何润东、飞儿乐队、庞龙、吴克群、齐峰、5566、胡彦斌、郑希怡、刀郎、纪敏佳、屠洪刚、吴彤、郭容、刘畊宏、腾格尔、金莎、苏醒、韦嘉、付力珊、黄征、房祖名。

据北京奥组委文化活动部部长赵东鸣介绍，《北京欢迎你》这首歌从3月初提出创意到制作完成只历经一个半月的时间，录音素材文件却达11GB之多，词曲小样更是在5天之内就制作完成。两个星期之内完成100位歌手的录音、平面摄影与北京奥运祝福访谈，6天完成所有的后期制作，仅纪录片拍摄的素材就达7 000多分钟，有200多名工作人员为其诞生付出了辛勤的汗水。在创作过程中，每一个参与者几乎都有感人的故事。在这个团队里，没有明星和大牌，只有奥运参与者，所有的人都放弃了名利，无怨无悔为奥运无私地奉献。很多歌星都是听说这个活动后主动报名参加的，有的还是推掉了商演，自费专程来京参加录制。他们在工作中，对奥运所表现出的虔诚态度，感动激励着现场的人们。赵东鸣部长动情地说，《北京欢迎你》这首歌曲的创作产生表现了华人音乐人热情欢迎世界各地的友人到北京参与奥林匹克运动会的积极姿态和真挚感情。他们用自己的方式在奥运会之外的赛场上奔跑着，以独特的方式诠释奥林匹克精神。感谢音乐人对北京奥运会的支持。同时赵部长还希望广大市民通过中国移动的无线音乐平台，下载《北京欢迎你》的彩铃，用音乐为奥运加油。

《北京欢迎你》音乐电视与音乐录制工作同步进行。在首发式上，北京市文物局局长孔繁峙还介绍了《北京欢迎你》音乐电视拍摄进程情况。《北京欢迎你》不仅音乐采用民谣的形式，而且在音乐电视里融入了北京很多地标景观，使其具有了浓厚的北京特色。选景不但体现新北京的面貌，还展示了北京乃至中国的悠久历史。 从"鸟巢"、"水立方"等奥运场馆到故宫、天坛、长城等名胜古迹，从国家大剧院、首都机场 T3 航站楼到北京独特的四合院。一批刚刚修缮的文物场所也首次在这部音乐电视中亮相，以这种特殊的礼遇表达对世界人们的欢迎。孔繁峙希望能有更多的人通过音乐电视《北京欢迎你》了解北京的历史与文化，感受中国传统文化的魅力。

独特的创意、优美的旋律，《北京欢迎你》同样得到了音乐界权威人士的肯定。中国音乐家协会名誉主席吴祖强表示，《北京欢迎你》采用了具有北京特点的传统歌谣形式，配合民族传统乐器单弦的演奏，将"我家种着万年青，开放每段奇迹，为传统的土壤播种，为你留下回忆"的心声娓娓道来，表现了北京人用自信的姿态迎接北京奥运会的到来，用友好的态度欢迎五湖四海的宾朋来到北京，使之享受奥林匹克的带来的快乐与激情，感受古老而又现代的北京的城市气息。

2.《日出东方》

歌曲简介：

《日出东方》由担任广州亚运会开闭幕式音乐总监的著名音乐人李海鹰作曲，国语版歌词则由开闭幕式文学创意总监朱海领衔填写。其概念与广州亚运会会徽五羊右上方绚丽的太阳形象完全契合。音乐风格也是超前性的，从内容上讲，日出东方代表四个形象，大海、日出、梦想、奇迹，第一句就是这样，"绚丽耀眼的起点"，中间，"梦想在眼前"……音乐表达奇迹就在你身边。全曲融合了国际与中国的音乐元素，副歌第一句简单明了的旋律，配合 Sunshine again 的国际化概念，凝聚了各国人民的热情，更体现出羊城这个包容的城市的国际化形象，同时也有亚运火炬薪火相传、永不熄灭的含义。

作为土生土长广东人的李海鹰表示：我在酝酿这首歌时就想着让音乐有世界大 PARTY 的感觉，能给大家带来欢乐和希望。《日出东方》是在广州亚运会开幕式的重要环节——火炬塔升起时演唱的。它的英文名字是 Sunshine again（阳光再现），它所要传达的就是亚运圣火生生不息、代代相传的精神。实际上，在创作这首歌时，还没有歌词，只有 Sunshine again 这个最基本的意象，而"海心沙"就像是一条大船，它的船头面对东方，日出、大海就成为整首歌的基调。"大海、日出东方、梦想、奇迹"是这首歌所要表达的内涵。在编曲上，它追求音乐语言的国际化，透露出青春时尚的气息。《日出东方》这首歌曲在众明星的演绎下，为 16 届亚运会的成功举办呐喊助威的同时，更将亚运精神传递到大江南北，传递到全世界的每一个角落。

3.《重逢》

重 逢
2010年第16届广州亚运会会歌

徐凯荣词
捞　仔曲

1 = D 4/4

广州话唱：落雨大，水浸街；阿哥担柴上街卖，阿嫂（出街）着花鞋；花鞋花袜花腰带。

（乐谱略）

歌词大意：

万水千山，相隔多远；珠江弯弯，伸手相牵（男）隔山遥望，跨海相约，比赛赛场，难说再见。（女）A-sia where the sun has ri-sen. A--sia where ci-vi-li-zation was bron.（男）Here is the most Beau-ti-ful. Here is the most bright.（合）A-sia where the sun has ri-sen. A-sia where ci-vi-li-zation was bron. Here is the most Beau-ti-ful. Here is the most bright.

（间奏4小节）

（女）眼睛和眼睛重逢，黑眼睛，蓝眼睛。（男）奔跑，收获超越，把自豪举过头顶。（女）A-sia 太阳升起的地方（男）A-sia 古文明的殿堂（合）这里的风光最美，这里的阳光最亮，(A-)的阳光最亮，（合）A-sia 太阳升起的地方，A-sia 古文明的殿堂，这里的风光最美，这里的阳光最亮，A-sia 太阳升起的地方，A-sia 古文明的殿堂，这里的风光最美，这里的阳光最亮。

歌曲简介：

2010年，广州亚运会会歌征集一共征得1600多首歌，最终《重逢》被广州亚组委确立为第16届广州亚运会的会歌。《重逢》汇聚了众多大腕人物的智慧，由音乐制作人捞仔作曲、作词人徐荣凯作词；诺贝尔物理学奖获得者杨振宁、翁帆夫妇翻译了英文版歌词；国内歌坛的实力人物孙楠、毛阿敏演唱，因此无疑极具吸引力和号召力。

《重逢》的前奏部分加上了广东童谣《落雨大》的一段旋律，令这首广州亚运会歌极具岭南文化魅力。谈到《重逢》这首歌的创作思路，捞仔就表示，"亚运会是4年一度的盛事，这次亚运会上不但我们要见到很多老朋友，而且还将结交很多新朋友，我就是从这个角度创作这首歌的。亚运会是一场盛大的party，也是一次体育盛事，但它不仅仅是体育这么简单。"

第16届广州亚运会歌《重逢》，让中国向世界友人展示了亚运精神与奥林匹克精神！

（二）外国部分

1.《手拉手》

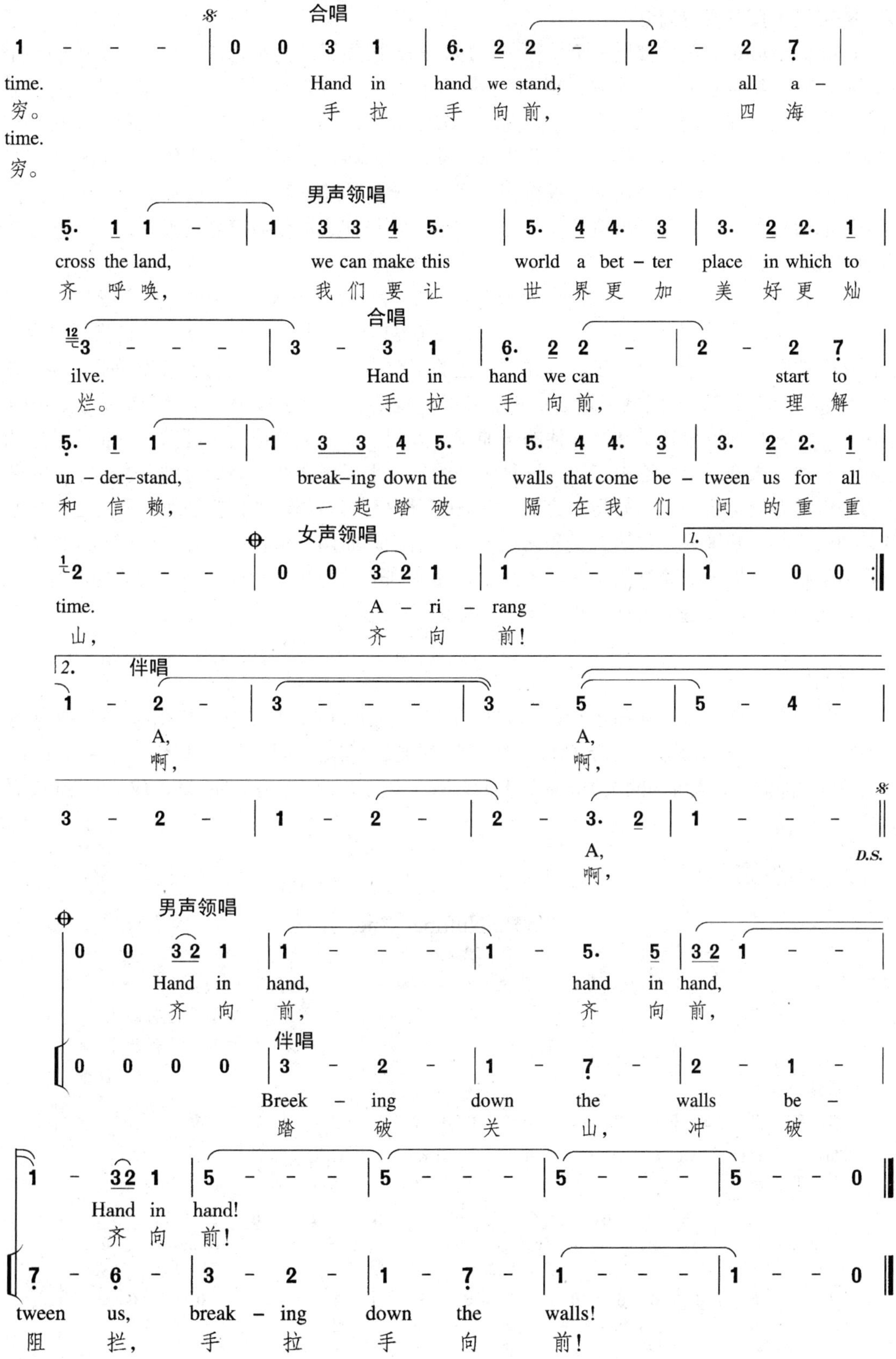

歌 唱 篇

Sheet music page with numbered musical notation (jianpu).

合唱

| 1 - - - | 0 0 3 1 | 6. 2 2 - | 2 - 2 7 |

time. Hand in hand we stand, all a-
穷。 手 拉 手 向 前， 四 海

time.
穷。

男声领唱

| 5. 1 1 - | 3 3 4 5. | 5. 4 4. 3 | 3. 2 2. 1 |

cross the land, we can make this world a bet-ter place in which to
齐 呼 唤， 我 们 要 让 世 界 更 加 美 好 更 灿

合唱

| 3 - - - | 3 - 3 1 | 6. 2 2 - | 2 - 2 7 |

ilve. Hand in hand we can start to
烂。 手 拉 手 向 前， 理 解

| 5. 1 1 - | 3 3 4 5. | 5. 4 4. 3 | 3. 2 2. 1 |

un-der-stand, break-ing down the walls that come be-tween us for all
和 信 赖， 一 起 踏 破 隔 在 我 们 间 的 重 重

女声领唱

| 2 - - - | 0 0 3 2 1 | 1 - - - | 1. 1 - 0 0 : |

time. A - ri - rang
山， 齐 向 前！

2. 伴唱

| 1 - 2 - | 3 - - - | 3 - 5 - | 5 - 4 - |

A, A,
啊， 啊，

| 3 - 2 - | 1 - 2 - | 2 - 3. 2 | 1 - - - ||

A,
啊，

D.S.

男声领唱

| 0 0 3 2 1 | 1 - - - | 1 - 5. 5 | 3 2 1 - - |

Hand in hand, hand in hand,
齐 向 前， 齐 向 前，

伴唱

| 0 0 0 0 | 3 - 2 - | 1 - 7 - | 2 - 1 - |

Breek - ing down the walls be -
踏 破 关 山， 冲 破

| 1 - 3 2 1 | 5 - - - | 5 - - - | 5 - - - | 5 - - 0 ||

Hand in hand!
齐 向 前！

| 7 - 6 - | 3 - 2 - | 1 - 7 - | 1 - - - | 1 - - 0 ||

tween us, break - ing down the walls!
阻 拦， 手 拉 手 向 前！

乔吉奥·莫罗德尔简介：

Giorgio Moroder（乔吉奥·莫罗德尔，1941—）出生于意大利北部阿尔卑斯山区的一个小山村，从小就显露出音乐才能。20 世纪 60 年代末，他成为德国慕尼黑一家唱片公司的监制人。他亲自写曲、配器，录制了大量迪斯科唱片。20 世纪六七十年代"欧洲迪斯科"这一流派的形成主要得力于这位意大利音乐家。欧洲迪斯科打进美国市场大约在 1975 年，当时美国的卡萨布兰卡唱片公司的老板得到一张莫罗德尔的迪斯科唱片，听后欣喜若狂，立即打长途电话到慕尼黑，要求与莫罗德尔合作。这一合作使这位作曲家名扬天下，后来被尊为"欧洲迪斯科大师"。

莫罗德尔到了美国便大显身手。1976 年为影片《午夜快车》，1983 年为影片《闪电舞》，1986 年为影片《空中尖兵》插曲，三度荣获奥斯卡最佳音乐奖。1984 年，洛杉矶奥运会征集会歌时，在成千上万的参赛歌曲中，他的《全力以赴》一举成功，成为最受欢迎的歌曲。1988 年，第 24 届汉城奥运会征集会歌时，他的这首《手拉手》又获空前成功。1990 年，在意大利举行世界杯足球赛，他的一曲《意大利之夏》又被选为主题歌。一位作曲家为世界各种体育大赛写会歌连中三元，这种荣誉绝不亚于奥运会选手夺取金牌。20 世纪 90 年代为中国申办奥运会写了《好运北京》。乔吉·莫罗德尔曾经说："我要创作的歌，首先要超越一切政治制度和国界，传达人类和谐这一基本信念。曲调力求朴实，使非英语国家的人民也容易学唱。掌握歌曲流行的一些基本因素，注意到歌词的简洁和旋律的美与流畅，音域的适度。运用重复、模进等手法，也是重要的原因。"

歌曲简介：

《手拉手》由韩国高丽亚娜艺术团（1982 年成立）的洪和子、李爱淑、李承拱、李容拱 4 位歌手在汉城奥运会的开幕式上引吭高歌。歌曲既有圣咏式的庄严辉煌，又有现代流行音乐鲜明热情的节奏，洋溢着感人肺腑的人类的团结友爱之情。它已超出体育盛会的范畴，成了世界和平的颂歌。

2.《力争第一》

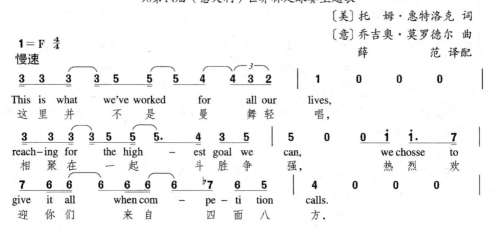

歌曲赏析：

《力争第一》又名《意大利之夏》，是 1990 年意大利世界杯足球赛的会歌。那是一个令人激动的夏天——开幕式上，浪漫的意大利人将令人兴奋的时装表演和足球结合在一起；在足球皇帝贝肯鲍尔的率领下，德国战车一路过关斩将终于手捧金杯；依靠马拉多纳的个人表演，阿根廷队跌跌撞撞杀入决赛，虽败尤荣；令人耳目一新的非洲足球；惆怅失意的意大利人……

这首歌曲出自意大利作曲家乔吉奥·莫罗德尔之手。在开幕式上，莫罗德尔亲自参加乐队伴奏，意大利歌星用意大利语演唱了这首歌。莫罗德尔的歌曲除了具有现代摇滚音乐的特点外，还加入了意大利传统音乐中高亢激情的旋律。

体育之所以充满无穷的魅力，就是因为它激发了人的斗志，鼓励每一个人去"永争第一"。为了胜利，我们要全力以赴，即使只有百分之一的希望，也要付出百分之一百的努力。因为争取胜利，并不仅仅是战胜对手，更重要的是战胜自我，战胜依附于精神之中的惰性，驱散内心深处的懦弱，激发自身的无穷潜力，让我们每一个人自信、自爱、自强。这种体育精神不仅仅是一个人成功的基础，也是一个民族强大的根本。

这首歌歌名虽然为"力争第一"，但是歌中的"第一"，并不仅仅指最终捧起金杯的第一，还有在体育精神上的第一，也就是"Fair Play"，即"输赢并不是唯一，重要的是我们如何进行最公平的比赛。"

3.《生命之杯》

The Cup Of Life
生命之杯
'98第16届（法国）世界杯足球赛主题歌

罗　比·罗　萨
路易斯·G.埃斯柯拉 词曲
戴斯蒙·恰尔德
薛　　　　范 译配

$1=\flat E$ $\frac{4}{4}$

中速 ♩=108

| 0 6 7 1̇ 3　　　0 7　│7 7 6 7̇ 1̇ 1̇　0　│ |

1. The cup of life,　　this　is the one.
　生　命　之　美　　　正　　闪　耀　光　辉，
2. The cup of life,　　it's　do or die.
　生　命　内　涵　　　是　　你　赶　我　追，

| 1　0 6 7 1̇ 3　0 7　│7 7 6 6 0　│ |

Now is the time.　Don't　e-ven stop.
同　来　斟　满　　爱　　情　之　杯，
It's here, it's now.　Turn　up the lights.
只　有　向　前，　　没　有　倒　退，

| 0 6 7 1̇ 3 0 7│7 7 6 1̇ 1̇ 0│0 6 7 1̇ 3 0 7│ |

Push it a-long. Got - ta be strong.　Push it a-long. Right
全　力　拼　搏，　人　人　争　先，　一　心　只　想　夺
Push it a-long. Then　let it roll.　Push it a-long. Go,
百　折　不　挠，　不　避　劳　累，　击　败　强　敌，　吐

| 7 7 6 6 0 1̇ 1̇ 1̇│7˙ 7 7 7 0 2̇ 2̇ 2̇│ |

to the top. The feel-in　in your soul is gon-na
魁　夺　魁，　仿　佛　两　军　对　垒，　看　胜　利
go,　go. And when you　feel that heat. The world is
气　扬　眉，　胜　利　向　你　召　唤，　在　前　面

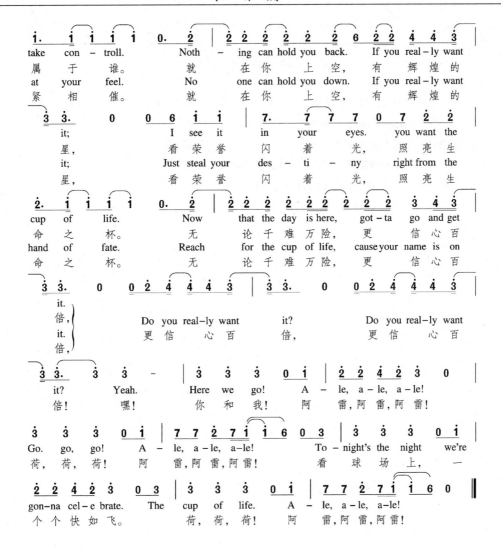

歌曲赏析：

  1998 年在法国举行的世界杯足球赛上，一位"拉丁美少男"歌星以一曲《生命之杯》卷起了一场拉丁风暴。这位 1971 年出生于波多黎各的 Ricky Martin（吕基·马汀）6 岁时就开始以童星身份上荧屏，12 岁时已在当地演艺圈小有名气，长大后，一度在墨西哥得到发展，21 岁时，他以演员的身份进入了美国社会，成为电视和歌坛的两栖明星。

  世界杯主题歌《生命之杯》最初以西班牙语和英语两种版本推出。这里刊出的是英语版本，但汉语歌词是根据 Martin 演唱的西班牙语版本 *La Cupa de la Vida* 译出。从中可以看出，不同语种的歌词翻译有多大的差异，甚至连衬词都不尽相同。

参 考 文 献

[1] 中共上海市委宣传部. 走进新时代中华百年歌典. 上海：上海音乐出版社，1999.
[2] 周新华. 声乐基础教程. 长沙：湖南文艺出版社，2002.
[3] 邱晓枫. 当代大学生乐理与视唱实用教程. 北京：北京交通大学出版社，2007.
[4] 余甲方. 音乐鉴赏教程. 上海：复旦大学出版社，2006.
[5] 莫维. 世界音乐经典快读. 北京：中国国际广播出版社，2003.
[6] 陈卉. 中国音乐家研究丛书：英文歌曲的演唱. 北京：大众文艺出版社，2009.